东方
文化符号

夫子庙

薛 冰 著

江苏凤凰美术出版社

图书在版编目(CIP)数据

夫子庙 / 薛冰著. -- 南京：江苏凤凰美术出版社，2025.2. -- (东方文化符号). -- ISBN 978-7-5741-1678-8

Ⅰ.K928.75

中国国家版本馆CIP数据核字第2024X5N622号

责 任 编 辑	李秋瑶
责 任 校 对	唐　凡
责 任 监 印	张宇华
设 计 指 导	曲闵民
责任设计编辑	赵　秘

丛 书 名	东方文化符号
书　　名	夫子庙
著　　者	薛冰
出版发行	江苏凤凰美术出版社（南京市湖南路1号　邮编：210009）
制　　版	南京新华丰制版有限公司
印　　刷	盐城志坤印刷有限公司
开　　本	889 mm×1194 mm　1/32
印　　张	4
版　　次	2025年2月第1版
印　　次	2025年2月第1次印刷
标准书号	ISBN 978-7-5741-1678-8
定　　价	88.00元

营销部电话　025-68155675　营销部地址　南京市湖南路1号
江苏凤凰美术出版社图书凡印装错误可向承印厂调换

目录

引言 ……………………………………………… 001

第一章 从孔庙到夫子庙 …………………… 003
第一节 南京孔庙前史 …………………………… 003
第二节 宋元时期的夫子庙 ……………………… 009
第三节 明清时期夫子庙 ………………………… 016

第二章 千载沧桑 ………………………………… 032
第一节 夫子庙地区简述 ………………………… 032
第二节 文教中心一脉相承 ……………………… 042
第三节 图书出版和营销 ………………………… 063
第四节 河房与灯船 ……………………………… 073
第五节 考市、茶楼和灯市 ……………………… 090

第三章 今日风光 ………………………………… 107
第一节 游乐场、茶点和小吃 …………………… 107
第二节 重建夫子庙景区 ………………………… 110
第三节 秦淮元宵灯会 …………………………… 117

引　言

2019年10月31日，联合国教科文组织宣布，批准66座城市加入"创意城市网络"（Creative Cities Network），南京被列入"文学之都"（City of Literature），成为中国第一个也是目前唯一一个荣膺此称号的城市。

人们在说起"文学之都"时，往往会想起南京夫子庙前高耸的"天下文枢"坊，那是南京古代人文昌盛的符号。

夫子庙，是纪念中国历史上第一位伟大的思想家、教育家、文献整理家孔子的祀庙建筑，亦称"孔子庙"，简称"孔庙"。汉平帝元始元年（公元1年）追谥孔子为"褒成宣尼公"，封其后裔为"褒成侯"，夫子庙遂有"宣尼庙""宣圣庙"之称。此后各朝历有追封，唐玄宗开元二十七年（739）追谥孔子为文宣王，故又称"文宣王庙"，简称"文庙"。宋真宗大中祥符五年（1012）尊称其为"至圣文宣王",元成宗大德十一年(1307)加封孔子为"大成至圣文宣王",到清顺治二年(1645)尊为"大成至圣文宣先师"。

在中国古代,文庙是城市的文化、教育中心,它不仅是祭祀孔子的殿堂,也是官立教育的学宫,是官学不可分割的组成部分。晚清废科举、兴新学,官学消亡,文庙的教育功能不再,逐渐成为一种文化标识和旅游资源。

"天下文枢"南京夫子庙,与曲阜孔庙、北京孔庙、吉林文庙并称"中国四大文庙"。

第一章　从孔庙到夫子庙

第一节　南京孔庙前史

孔子是中国古代最具影响力的人物之一。他在世之时，就受到众弟子的景仰。孔子去世次年（前478），其弟子搜集孔子生前遗物，在其家乡山东曲阜阙里立庙守茔，这就是今天曲阜孔庙的源起。汉高祖在位第十二年（前195）经过鲁国，专赴曲阜以太牢祭祀孔子，此为帝王祭孔之始。元帝、成帝、平帝、光武帝均曾封孔子后裔以爵号，明帝永平二年（59）有诏令太学、郡学和县学都要祭祀圣师周公和孔子，更是十五年（72）至孔子宅，亲御讲堂，命皇太子、诸王说经。章帝元和二年（85）祀孔子及其七十二弟子于阙里，作六代之乐。此时，祭孔成为从中央到地方的重要政教活动，但尚未有庙宇建筑。而据汉桓帝永兴元年（153）所立《乙瑛碑》记载，此时曲阜已有奉旨所立的孔庙，并有官员管理。

南京夫子庙的源头，可以远溯至东晋时期（317—

420）。

江南风俗，崇文重教。《三国志·吴书》记载，南京的官学始于东吴大帝孙权黄龙二年（230）"诏立都讲祭酒，以教学诸子"。这也是江南地区见于正史记载最早的国子学。吴景帝孙休永安元年（258）有诏："古者建国，教学为先，所以道世治性，为时养器也。"朝廷按汉代太学形式，委派学官，立五经博士，凡官吏子弟有志求学的，都可以入学。学生每年考核，成绩优异的给予奖励，促进了社会好学风气的产生。

东晋衣冠南渡，立国之初即承袭中原王朝礼制规范。建武元年（317）司马睿登晋王位时，已立太学。唐许嵩《建康实录》卷五记载，晋元帝大兴三年（320）八月，"皇太子释奠于太学"。释奠，即以酒食供祭孔子。《礼记·文王世子》记载："凡学，春官释奠于其先师，秋、冬亦如之。凡始立学者，必释奠于先圣先师，及行事必以币。"太学中，春、秋、冬三季都应祭拜先圣、先师。最初是祭奠周公和孔子，又因为孔子在教育上的成就与影响，汉以后释奠遂专祭孔子。由此可见，晋初太学中已有祭拜孔子的场所。

《宋书·礼志》记载，西晋时太子都曾释奠于太学。仪式中，"太子进爵于先师，中庶子进爵于颜渊"。王、公以下贵族可以旁观。东晋开国皇帝司马睿当年封琅琊王，在洛阳时就参加过这样的活动。东晋成帝、穆帝、孝武帝都举行过释奠仪式。释奠不但是国家教育的最高礼仪活动，也是昭示政权正统的重要象征。

因太学在苏峻之乱中被毁，晋成帝咸康三年（337）重建太学："国子祭酒袁瑰、太常冯怀以江左寝安，请兴学校。帝从之，立太学于秦淮水南废丹阳郡城东南，征集生徒。"（《景定建康志·儒学志一》）这里明确记载了太学的位置，即六朝丹阳郡城（隋灭陈后被废）东南，相当于今赤石矶北麓。

约半个世纪后，晋孝武帝太元十年（385）春，"尚书令谢石以学校陵迟，上疏请兴复国学于太庙之南"（《建康实录》卷九）。其后注文引《舆地志》曰："在江宁县东南二里一百步，古御街东，东逼淮水。当时人呼为国子学。西有夫子堂，画夫子及十弟子像。"东晋江宁县衙在今丰富路一带，国子学位置当在今长乐路附近，东近秦淮河、西邻御街（今中华路）。此时国子学内已专设夫子堂，供奉孔夫子和他十位弟子的画像，但不能确定是否为庙宇形式。

太元十一年（386）八月诏封孔靖之为奉圣亭侯，奉宣尼祀。立宣尼庙，在故丹阳郡城前隔路东南。"后有注："案《地志》：齐移庙过淮水北蒋山置之，以其旧处立孔子寺，亦呼其巷为孔子巷。在今县东南五里二百步，长乐桥东一里。"

这座由孔子后裔孔靖之奉祀的宣尼庙，是南京见诸史籍记载时代最早的孔子庙，而丹阳郡城前隔路东南，正是咸康三年（337）立太学之处。可见，南京孔庙与官学的一体设置，在此时已完成。南朝宋文帝元嘉十五年（438）十月立儒学，次年立玄学、史学、文学，四学并建，是世界史上最早的大学分科雏形。元嘉十九年（442）四月立国子学，十一月有诏修造曲阜孔庙及学舍，行祭祀，并命邻墓人家五户负责剪除洒扫。南京的孔子庙理当有更好的维护。元嘉二十年（443）三月有"皇太子劭释奠于国学"的记载，二十二年（445）太子释奠后，宋文帝亲临国学参加宴会。这一切都证明朝廷对释奠仪式的重视。南朝齐一度迁孔子庙到乐游苑（今太平门内九华山，又名覆舟山）东，原址改建孔子寺，地名也被叫成孔子巷。孔子巷位于丹阳郡城南侧，大致在今三条营附近。

梁武帝天监四年（505）六月重立孔子庙，又回到了孔子巷。此地邻近梁武帝出生的同夏里，梁代的太庙也在这一带。陈受梁之禅，也承袭了梁的太学和孔庙。太建三年（571）太子陈叔宝释奠于太学、至德三年（585）太子陈胤在太学讲《孝经》后释奠于先圣先师等记载，都证明孔庙与太学为一体。

值得说明的是，此前有研究者认为，在中央官学内建置孔庙，始于北魏孝文帝太和十三年（489）平城所建的孔子庙，平城孔庙也因此被认为是孔子故乡曲阜之外的第一座孔庙。

《金陵古今图考》中的《南朝都建康图》

而实际上,东晋建康太学与孔庙并建,由孔子后裔奉祀,早于北魏平城孔庙百余年,不但是江南最早的孔庙,也应是曲阜之外最早的孔庙。真正开全国及世界各地广建文庙之先河的,是南京。无论南京文化史,还是中国文化史,这都值得大书一笔。

隋唐两代,都有设立州、县官学的制度。唐太宗贞观四年(630)下诏命全国各州学、县学都要建孔子庙,此后成为定例。《景定建康志》中记载了唐代溧水县学与孔庙，可惜江宁县、上元县情况失载。

陆游在《南唐书·烈祖本纪》中记载了昇元二年（938）"冬十月丙子，立太学，命删定礼乐"。马令在《南唐书·朱弼传论》中记载："南唐跨有江淮，鸠集典坟，特置学官，滨秦淮，开国子监，……。"在《府城之图》中，可以清楚地看到国子监的位置在南唐御街东侧、镇淮桥东北角，即今军师巷与信府河南口。南唐以唐代正统继承者自居，太学和国子监中，自然都会有孔庙。《至正金陵新志·学校志》之《皇庆二年儒学录胡助重撰祭器记》中提到，皇庆二年（1313）建康路学重铸孔庙祭器时，"南唐旧物仅存者"尚有"簋二、副簋一、副爵二十一、坫五十有七"。《嘉庆新修江宁府志》记载了孔庙祭祀时所用的祭器，设在孔子位前的有献爵三、帛篚一、香盒二，毛血盘、馔盘、灯各一，铏、簠、簋各二，笾、豆各十，牛、羊、豕各一。共俎太尊、牺尊、象尊、山尊、雷尊各一，著尊三，彝、斝、茅沙池各一，香鼎、烛台、花瓶各四，香盘、香盒、福爵、胙盘、罍、洗、燎炉各一。配享诸人位前祭器种类及数量少于孔子，也各有二三十件，足见孔庙祭祀活动的隆重。

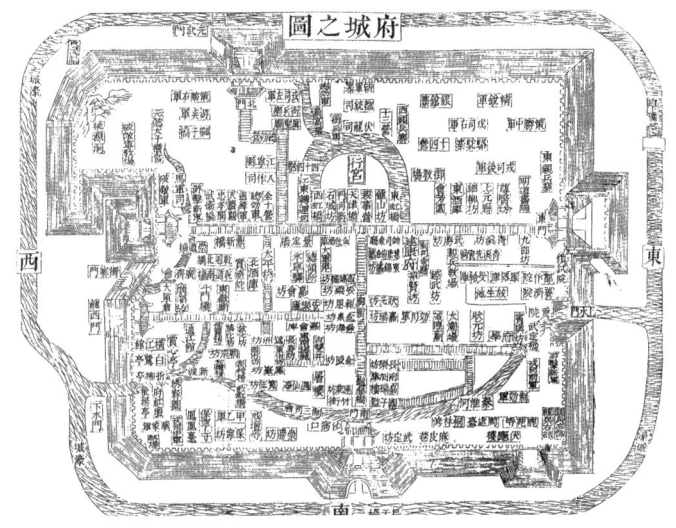

《景定建康志》中的《府城之图》

第二节　宋元时期的夫子庙

宋代像南唐一样崇尚文治，是儒学发展的重要阶段。南京作为东南文化重镇，儒学教育更加规范，历史文献中关于孔庙的记载也更为丰富。

现存时代最早的南京地方志《景定建康志》50卷中，就有《儒学志》4卷。《儒学志一》对两宋府学和孔庙的情况作了详细介绍。

宋太宗雍熙（984—987）年间，南京即已在冶城（今朝天宫）重建文宣王庙。天圣七年（1029），丞相张士逊出任江宁太守，"奏徙庙于浮桥东北，建府学，给田十顷，赐书一监",并经皇帝批准,将文宣王庙迁到浮桥东北,同时建江宁府学,给学田并赐书。其中,"监"作为量词专用于书函。当年称长乐桥为下浮桥,这个位置应该就是秦淮河南岸的孔子巷。

北宋景祐元年(1034)四月,陈执中任江宁知府,次年底离任。就是他在任职期间,将江宁府学和孔庙迁往秦淮河北岸,即今夫子庙所在位置。南宋改江宁府为建康府,元代改建康府为集庆路,府学亦随之更名,但位置始终未变,延续至今,已近千年。

夫子庙和府学长期稳定于此,不是没有原因的。南唐建金陵城,东门在今大中桥西,西门在今水西门处,今建康路、升州路一线成为东西主干道,与内桥至南门(今中华门)的南北主干道相交于三山街口。夫子庙正位于三山街口东南角,离两条交通主干道都很近,又紧邻秦淮河,水陆交通十分方便。这是宋代对南京影响深远的建设项目,也有力促进了今夫子庙地区的开发。

南宋建炎四年(1130)四月,金兵侵掠江南,屠杀百姓,抢掠财物,纵火焚烧建康府(今南京)。城市几成废墟,府学与孔庙虽得幸存,亦破败不堪用,学生奔逃四散,老师无法授课。绍兴八年(1138)六月,叶梦得第二次知建康府事,在处理好民生事务后,决意恢复府学。首先是购藏书籍"捐公厨羡钱二百万,编售经史诸书为重,屋以藏,名之曰紬书阁,而著其籍于有司"(以赋税盈余200万购买经史诸书，新建缃书阁以收藏，并安排专人管理）。第二年冬，又于原址修复建康府学。

《景定建康志·儒学志一》收录叶梦得所作《府学记》，记述此事甚详：从绍兴九年（1139）初冬到十年（1140）仲春，历时五个月，建造房屋125间，"南向以面秦淮，增斥讲肆，列置斋庐，高明爽垲，固有加于前，不侈不陋，下及庖廪，罔不毕具。既又作小学于大门之东，复命有司诹典礼簿，正祭器，作新冕黼，皆中程式"。建筑优于前代，礼器依式新作。竣工之后，首先是举行"释奠于先圣"的仪式。他亲率执事人员，先在孔庙两庑斋戒，学生们也都跟从。他们恭谨地准备好祭品，摆放在孔子像前，司仪宣布时辰到，各人依次入列就位，端正衣冠行礼，仪式完成后分享多余的祭品以"受福"。旁观者有数百人，无不感慨赞叹。

叶梦得查核学府所有地产、酒坊、房产，以其收入作为办学经费。同时，奏请朝廷添设建康府学教授，由一人增至二人。这是南京孔庙和府学传承中的一个重要节点。

叶梦得出身书香世家，母亲是"苏门四学士"之一晁补之的妹妹。他精研《春秋》，善擅诗文，更是著名词人，对两宋之交词风有重要影响。

从《景定建康志》一书中所载《府学之图》中可以看出建康府学的格局，中轴线上依次是半壁池、棂星门、仪门（亦称戟门、大成门）、大成殿、明德堂、议道堂、

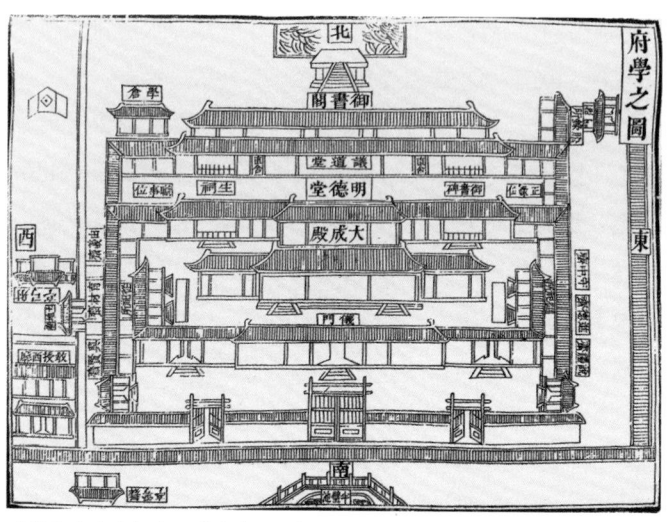

《景定建康志》中的《府学之图》

御书阁。明德堂前属孔庙,其后为府学。

半璧池是半圆形水池,也就是后世的泮池。大成殿供奉孔子像。大成殿中的礼器,最初以竹、木制作,髹漆藻绘。宝祐二年(1254)王公埜重新置办锡制礼器,并将供祭礼仪绘成图画,春秋释奠之时张挂殿前,以便执事人员遵行。

大成殿、明德堂前东、西两廊各有从祀所,共祀26人:大成殿东廊祀周敦颐、程颢、程颐、朱熹4位理学家,西廊祀范纯仁、吕蒙正、郑侠、杨邦乂、周必大、张栻、黄勉、吴柔胜、真德秀9人,明德堂东廊祀颜真卿、李光、傅珪、马光祖、包拯、张咏6人，西廊祀赵鼎、张浚、吕颐浩、陈康伯、黄度、刘珙、丘崙7人。除了4位理学家和颜真卿，其余22人都是曾任职南京"政教德泽有不可忘者"，也就是为南京做出过特殊贡献的宋代官员。这也成为南京孔庙的传统。

《府学之图》中的建康府学建筑群，实系南宋历朝陆续添建而成。明德堂是府学的讲堂，讲学弘道之所。庆元二年（1196）张构知建康府事时建御书阁和议道堂，历时五月而成，上、下两层高六丈三尺：上层为御书阁，藏宋高宗手书九经及《先圣文宣王赞》等刻石拓本；下层为议道堂，供师生游咏讲论，兼储藏典籍。其两侧直舍，是教官当值办事之处。淳祐元年（1241）别之杰增修学舍，六年（1246）赵以夫将教堂更名为明德堂，增造两廊，以安置从祀诸人。旧说明德堂匾系文天祥书写，实系误传。十年（1250）吴渊列祠先贤，增学廪，创义庄。宝祐年间马光祖兴学校，举孝廉，建先贤祠祭祀周、汉以来名贤。景定四年（1263）姚希得将本学殿堂、斋舍、学门、棂星门、仓屋等处并两教官廨舍修葺一新。

明德堂东有正录位，西有职事位。府学东北角是誊录所，西北角是学仓。府学生斋舍位于孔庙东、西两侧，东面守中、进德、说礼三斋，西边常德、育材、兴贤三斋，职事位北另有由义斋。东三斋外是公厨。西三斋外隔墙，南端是两教官廨舍，北为射圃，其间尚有座土地庙。半璧池西侧还有一座舞雩亭。"舞雩"典出《论语·先进》："浴乎沂，风乎舞雩，咏而归。"可见，这是孔子所赞赏的一种生活态度。

府学的经费，来自学田和学产。天圣七年（1029）始建府学，朝廷拨给学田10顷，以后续有增拨。到景定年间，共有田地9300多亩，坊场3所，年收入米3800余石、菽麦400石、钱41000余贯，另有柴薪丝麻等。淳祐十年（1250）吴渊知建康府事时又创设义庄，"用钱五十万贯，回买到制司后湖田七千二百七十八亩三角二十八步，岁收四千三百余石，市斗米、麦相半，发下本学，置簿桩管"，对遭到意外或家境贫困的官员后代和在学生员，"给米八石、麦七石，米每石折钱三十六贯，麦每石折钱二十五贯"。此后历代都用这个办法，以学田和学产的收入，维持官学的正常运转。需要维修或建造学舍时，则由官府或地方绅士出面向社会募集专项工程资金，组织施工。

每届科举发榜之后，府学都会举办鹿鸣宴，本府新科举人和此前文、武举人都有资格参加，并各有奖励。新科举人每人送纸币30贯、服装费10贯、酒4瓶、兔毫笔10支、试卷纸40幅、点心费10贯等，以示表彰。对于进京参加进士考试的举人，设立了专项路费补贴。

《至正金陵新志》第九卷《学校志》中说，"今学规模率仿前制""庙学时有阙坏，随事修补，无大更易"，完全承续了宋代的孔庙和府学。大德四年（1300）秋八月，孔庙和建康路学遭火灾，仅尊经阁（宋御书阁）及两教授厅幸存，幸所藏典籍未遭焚毁。第二年春天，江南诸道行台御史彻理与僚属筹划，劝谕富家出钱，修复了大成殿。王进德独力修复了讲堂（即明德堂）。大德七年（1303），当地官员合力筹资，修复了周边的建筑，"有廊庑以绘贤像，有斋舍以居生徒，先贤之享堂，教官之直庐，下逮仓帑、庖舍、户牖、楹楯，丹臒彰施，靡不完具"，又翻修了尊经阁。至大二年（1309）重修孔庙并添置祭器完备。至治二年（1322）追复被权豪侵占的学田，第二年在玉兔泉上建造井亭，又新建棂星三门。玉兔泉位于大成殿东南角、东甬道西，《景定建康志》卷十九介绍玉兔泉时称："在府学东廊前。事迹：秦丞相桧未仕时，宿学，夜见白兔入地，使人掘之一丈许，得泉。桧既入仕，设井栏，镌石篆书'玉兔泉'三字。"《同治上江两县志》卷八载："有玉兔泉在道西，相传为秦桧篆，邦人丑而凿去之，余玉字

玉兔泉

上半。"石井栏上"玉兔"两字原为秦桧手迹，南京人厌恶其人，遂将其字迹凿去，仅剩"玉"字的上半部分。

元代庙学还是重要的图书收藏与出版机构。因宋代旧藏多在兵火中被毁，遂从各地收集、重新刊刻并设专职人员管理，所置经、史、子、集、图志诸书版略备，计有17史书版23000片，杂书版如《金陵志》《贞观政要》《朱子读书法》《南唐书》《救荒活民书》《乐府诗集》等10余种4000余片，可由府学印书供学生研读，也可以借给读书人自行刷印。这些书版后来归入明代国子监，著名的《南监本二十一史》中，至少有《史记》《隋书》《南史》《北史》《唐书》《五代史记》等利用了集庆路学旧版，《辽史》《金史》等则据元版翻刻。

第三节　明清时期夫子庙

明代建都南京，改集庆路为应天府学。据清钞本《洪武京城图志》记载，府学"在秦淮水北放生池南，今针工坊内，元故基"，即仍在元代原址，但建筑格局有变化。《南畿志》卷五记载："国朝初改国学后为应天府学，置一堂四斋。以上元、江宁不置学，增二斋。"从《洪武京城图志》所载《学校图》可以看出，学校由东、西并列的两条中轴线组成。东线前为孔庙，后为六排斋舍，即府学四斋、县学二斋。西线从南向北依次排列国子学六堂：彝伦堂、率性堂、修道堂、诚心堂、正义堂、崇志堂，其后

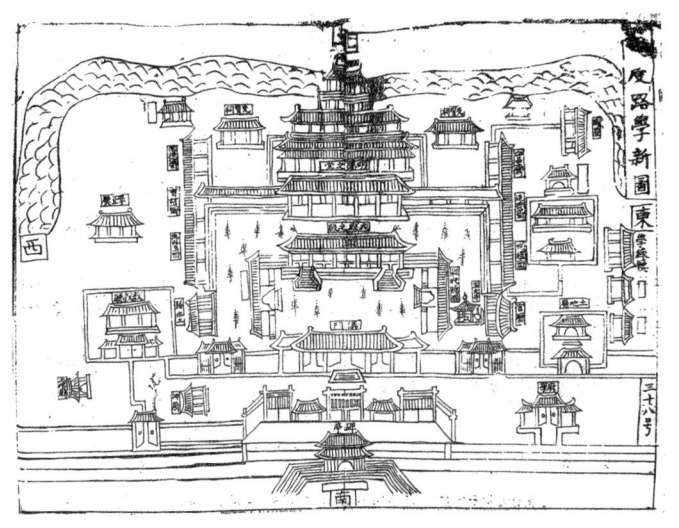

《至正金陵新志》中的《集庆路学新图》

是府学广业堂。明初的国子学、府学,及上元、江宁两县学都在今夫子庙一处,生员名额大增,学舍也相应扩大。

洪武十四年(1381)夏,因国学与府学、县学聚于一处,而地方狭小,不能满足国家培养人才的需要,所以另择地于鸡笼山南麓,建造规模宏大的新国子学,次年三月易名国子监,五月国子监和其东侧的文庙同时落成,在此举行了隆重的庆典仪式。国子监孔庙仍为东庙右学的格局,有如秦淮河夫子庙的放大版。

秦淮河畔夫子庙原址,遂成为应天府学和上元、江宁两县学。这一建筑群在永乐六年(1408)遭火灾被毁,直

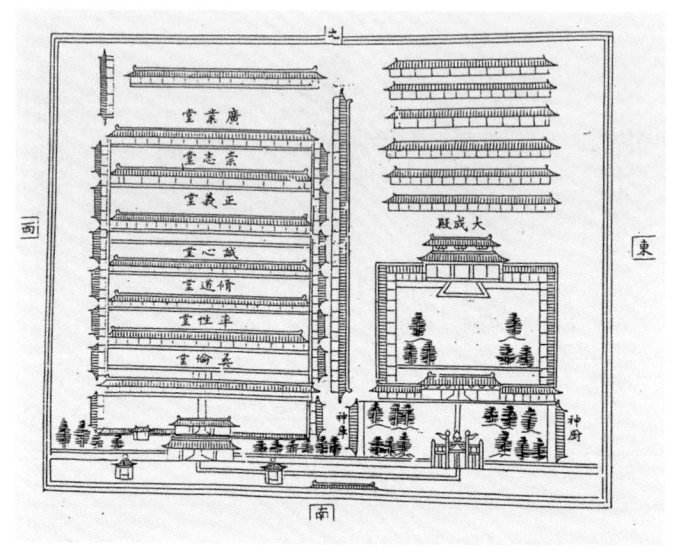

《洪武京城图志》中的《学校图》

到宣德七年（1432）才着手重建了祀殿、两庑、堂斋。此时国子监已迁至鸡笼山麓，故所建只有孔庙与府学部分建筑。成化七年（1471）又被烧毁，提学御史严铨重建，以尊经阁为后堂。成化十六年（1480）府尹鲁崇志建棂星三门，而以秦淮河为泮池。弘治年间，府尹秦崇在秦淮河岸修砌石堤，以防水患。正德九年（1514），府尹白圻又在河岸造起青石栏杆，御史萧鸣凤增建名宦、乡贤二祠。嘉靖初，都御史陈凤梧建尊经阁，嘉靖十年（1531）建启圣祠（一称崇圣祠），以供奉孔子五代先辈。尊经阁后小土山名卫山，同年又在卫山上建敬一亭，内贮"宸翰六碑"，

南京秦淮河畔夫子庙

即明世宗所撰宣扬儒学、教化天下的《敬一箴》碑,及世宗注解的范浚《心箴》、程颐《视、听、言、动四箴》五碑。嘉靖十四年(1535),提学御史闻人铨在孔庙西侧增置射圃和观德亭。东吴四大名碑之一的《天发神谶碑》,也在嘉靖年间移至尊经阁中收藏。庙前广场上,聚星亭西的方亭思乐亭,据说始建于元代。

今天人们所能看到的夫子庙格局,就是这样陆续形成的。夫子庙地区也随之发展繁荣。在清钞本《洪武京城图志》中,可以看到大中街和大中街市,大中街"在针工坊北旧状元坊"。《万历上元县志》卷四《衢巷》载,"大中街,在大中桥西南,直抵三山街",相当于今建康路西段。又载:"奇望街,一名针功坊,东接状元境。夫子庙街，在织锦二坊，旧名国子监巷，又名状元坊，一呼草巷，今俗称竹木行。"夫子庙街、状元境、奇望街都不曾见于《洪武京城图志》。这几条新街巷的出现，说明今夫子庙地区较明代初年更为繁盛。

南京夫子庙有一个重要特点——它是以天然河流秦淮河为泮水，举世无双。泮水源出于周，《礼记·王制》中说："天子曰辟雍，诸侯曰頖宫。"頖宫，即泮宫。天子所设辟雍教育贵族子弟，是国家最高学府。班固《白虎通》中解释辟雍："辟者，璧也。象璧圆，又以法天，于雍水侧，象教化流行也。"古人认为，"天圆地方"，用圆形的璧象征天，辟雍四周环水。地方官学称泮宫，宫前水池只能用璧形的一半，称半璧池，后通称泮水、泮池。池上

贡院街旧景

夫子庙前秦淮河

《金陵胜观》中正在维修的大成殿

有桥，称璧桥。新科秀才进入官学读书，要举行入泮礼，从璧桥上走过泮池，进大成殿拜孔子，所以也称考上秀才为入泮、游泮。入泮满60年，可以"重游泮水"，是一种难得的荣耀。

夫子庙前的秦淮河北岸，向北砌出半圆形堤岸，作为泮池，河水川流不息，真正象征着"教化流行"。泮水前的照壁，也就被推到了秦淮河的南岸。这座照壁建于万历三年（1575），东西长110米，高10米，是中国照壁之冠，也是全世界最大的照壁，号称"天下第一照壁"。

府学位于夫子庙之后，大成殿东侧后墙上有小门可通府学，但学生平时并不能从小门进出。夫子庙东、西两侧都建有甬道，作为府学的出入口。东入口是府学正门，门前有四柱三门高大木牌坊，中门坊额书"泮宫"二字，东门坊匾为状元、榜眼、探花题名，西门坊匾为会元、解元题名。其背面是武科三元题名。坊南即东西向道路，路南有大成泉，泉上有六角石井阑。大成泉南就是泮池的石栏杆了。

大成殿北与明德堂之间，有一片园苑，园苑南端有学宫门坊，因明初为国学，故坊额题"天下第一坊"。

顾起元在《客座赘语》卷八之"儒学"条记载："府学明德堂后，旧是一高阜，土隆隆坟起。嘉靖初，都御史陈凤梧夷其阜，建尊经阁于上。"因为原有的尊经阁位置被改建为后堂，所以新建的尊经阁向北推延，平掉了一个

夫子庙照壁　於朝勇 摄

小丘陵。但此后出了怪事，应天府参加乡试中举的人越来越少。景泰四年（1453），应天府一科中举多达29人，"可谓极盛"，"自建阁后，递年渐减，隆庆以来稀若晨星矣"。万历十三年（1585）和十四年（1586），应天府尹周继认为，庙学建筑前轻后重，风水有问题，于是重理府学风水，在府学之后、崇圣祠东建起高于尊经阁的青云楼，在夫子庙门前竖起与泮宫坊同样高大的木牌坊，即今"天下文枢"坊，庙前广场造聚星亭，泮池（即夫子庙前秦淮河段）下手建文德桥。果然，万历十七年（1589），焦竑高中魁首，是明代立国200多年来第一个南京状元，算是"破天荒"。周继对顾起元说，"天下文樞"中的"區"

泮池夜色

字有三个口，"棂星门"的篆书"曇"字有三个日，都象征着三元及第。果然，万历二十三年（1595）朱之蕃又中状元，万历二十六年（1598）顾起元中探花，成为应天府学的第一个辉煌时期。

明代的庙前广场格局是，河岸青石栏杆与天下文枢、泮宫两木坊之间为通行道路，东西路口分立"德配天地""道冠古今"两座牌坊。天下文枢坊东、西两侧立有下马牌，上书"文武官员至此下马"，以示对孔夫子的尊崇，初为木牌，后易以石柱。官员们乘轿、骑马而来，只能轿、马留在建康路口，那个地方便被人叫成轿夫营，后来音转为教敷营。因过往停留人多，尤其轿夫承重行走费

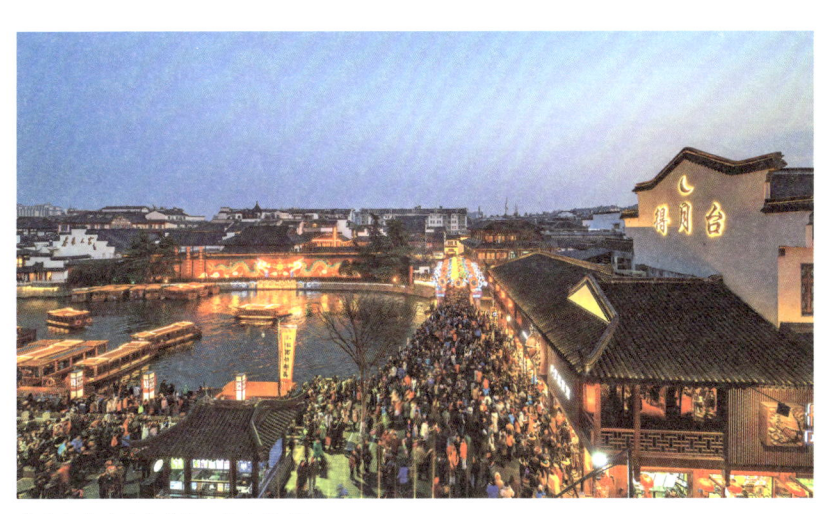

秦淮灯会时的文德桥　於朝勇 摄

鞋，轿夫营也成为履鞋集市。《客座赘语》卷一中介绍南京市井，就有"履鞋则在轿夫营"。晚清《点石斋画报》中有一个《舆服被焚》的故事，说夫子庙下马石由来已久，但行人熟视无睹，照样乘轿骑驴而过。秀才们在明德堂商议，决定要惩一儆百。于是守在夫子庙门前，见一顶轿子抬过，便上前拦住，哪知轿中是一生病老人，只得放过。又有人骑驴被拦，反问秀才："这是下马石，不是下驴石

《点石斋画报》中的《舆服被焚》

啊。"秀才们无言以对，又放过了。直到傍晚，一官员乘坐蓝呢大轿，仆从10余人簇拥而来，被秀才们勒令下轿。官员不服，被拽出轿外，拉扯间狐皮马褂被扯下来。官员狼狈逃走，且自知理亏，不敢来讨。秀才们将蓝呢大轿和狐皮马褂当街烧掉，算是为孔夫子争回了尊严。

西侧下马牌之西为六角聚星亭，聚星亭西的四方思乐亭，已与宫墙相接。天下文枢坊北是六柱五间三门石构棂星门，棂星门封闭不开，其东西两侧院墙各开一门，名持敬门，由此进入转北，是五开间的大成门，也就是夫子庙的正门。

此时孔庙与府学的地位崇高，深为人所敬重。周晖在《金陵琐事》卷一《〈非非子〉》中说了一个故事。明代

《金陵胜观》中的天下文枢坊与泮宫坊

开国第一功臣徐达封中山王，其后裔袭爵魏国公，宅第在大功坊（今瞻园路），后与应天府学相接，无法扩建。嘉靖年间，徐达六世孙徐天赐同应天府尹蒋某、督学赵某谋划，并贿赂生员任芳等，打算以尊经阁后民间之地，调换学宫西边空地。生员周膏得知，作了一篇《非非子》，贴在学宫照壁上，夸张地形容孔子贫厄、门人售地，影射两位高官。赵督学得知，"畏公论不容"，只得放弃前议。知识分子敢于仗义执言，社会舆论对政府官员有相当大的震慑力，得以有效阻止腐败行为。

孔尚任在《桃花扇》中《哄丁》一折，描写了崇祯十六年（1643）春三月，南京夫子庙释奠祭孔活动的情景。夫子庙专管祭祀礼器和祭奠物品的坛户是世袭的。祭器都登记在册，祭祀时检点铺排，祭品届时由太常寺送来，有"栗、枣、芡、菱、榛""牛、羊、猪、兔、鹿""鱼、芹、菁、笋、韭""盐、酒、香、帛、烛"。坛户摆放祭品，点燃香、烛。国子监祭酒领祭，凡考中科举有功名的士人和府学生员都有资格参与祭礼。众人在孔子像前列队整齐，听司仪口令依礼四拜，祭酒焚帛，礼成。众人瞻仰孔子及配享诸先贤像。

孔尚任是孔子第64代孙，康熙年间在御前讲经，受到清圣祖褒奖，破格授任国子监博士。《桃花扇》虽属戏剧，但他笔下的祭孔仪式是可以相信的。当然，孔尚任描写的重点，是这次祭孔活动中的一场意外：寓居南京的阉

南京夫子庙前奎星阁

党阮大铖也混在人群中参拜，被吴应箕、杨维斗等复社人士发现，将他痛打一顿，"替东林雪愤，为南监生光"。

　　清代将江宁府学迁往明国子监旧址，顺治二年（1645）以府学旧地改设上元、江宁两县学，夫子庙与泮宫的形制都依前不变。但是，因南京从明朝南都变成了地方政府，学宫门坊额"天下第一坊"被改换为"东南第一学"，仍可见其冠军东南的地位。此后时有维修。顺治十七年（1660）重修尊经阁，上下各五开间，阁中藏国学《南监本二十一史》及《十三经》《通鉴纲目》《通典》《通考》《会典》《通志》诸书版。明德堂中，有康熙年间徐铨成所书对联："六朝风土，常新黉序并乡闱，博采菁华归实学；一代人文，独盛秦淮宗泗水，约遵规矩障狂澜。"又

南京夫子庙小学校门

有乾隆年间曹秀先所书对联："教以人伦，君臣父子夫妇昆弟朋友；止于至善，格物致知正心诚意修身。"乾隆四年（1739），庙前广场东南角建造奎星阁，阁高三层。据说阁顶原为红色，因多火灾，道光十年（1830）内阁侍读学士、江宁人何汝霖将阁顶换为蓝磁顶。嘉庆十年（1805），尊经阁不慎失火，所藏书版及《天发神谶碑》都被烧毁。后在原址重建尊经书院，有康基田所书两副对联："立德立言立功，士先立志；有猷有为有守，学必有师。""至德本无他，皆以诚笃为本，此中有尧天舜日；大道原一贯，不越忠恕两言，到处是圣域贤关。"天下文枢坊额原为篆书，康熙年间由书法家王澍以楷书重写，同治年间仿旧制重建，由南京文人书法家端木埰书写。青云楼明代初建为三层，因其紧邻贡院，担心在科举考试时有人登楼窥探贡院消息，故清代改为两层。青云楼东是上元县教谕、训导居宅。江宁县教谕、训导居宅在尊经阁前路西。

咸丰三年（1853）春，太平军攻占南京，改南京为天京，定都于此11年。太平天国独尊上帝，禁儒学经典，毁学宫孔庙，夫子庙毁于劫火。同治三年（1864）太平天国败亡，同治八年（1869）依原规制重建夫子庙。光绪三十一年（1905）清廷推行新法，废科举，兴学校，学宫因此闲置。光绪三十三年（1907）在学宫中兴办夫子庙小学，这是中国兴办最早的新式小学之一，也是全国唯一以"夫子"命名的小学。

第二章　千载沧桑

第一节　夫子庙地区简述

近代以来，南京人常说的夫子庙，并不单指孔庙和学宫，而是包括了以孔庙、贡院为中心，历史上以文化、教育为主要功能的一个较大区域。大体而言，夫子庙即为以东水关、桃叶渡为端点，自东水关入城至武定桥的秦淮河段为东南界，自东水关至三山街的建康路段为北界，三山街至武定桥间街巷为西界，其间的一块三角地。这是宽泛概念上的夫子庙地区。相关的一段秦淮河，也被人叫成"夫子庙秦淮河"。

夫子庙、泮宫、贡院三大建筑群，也是夫子庙地区发展兴盛的主要依托。

早在东晋时期，这一带已不乏文人雅士的踪迹，如广为人知的桃叶渡与邀笛步故事。

桃叶渡，因王献之的《桃叶歌》而得名。《乐府诗集》中所收《桃叶歌》共有四首：

秦淮河

　　桃叶映红花，无风自婀娜。春花映何限，感郎独采我。

　　桃叶复桃叶，渡江不用楫。但渡无所苦，我自迎接汝。最后一句也作"我自来迎接"。

　　桃叶复桃叶，桃叶连桃根。相怜两乐事，独使我殷勤。

　　桃叶复桃叶，渡江不待橹。风波了无常，没命江南渡。

　　据说，王献之与小妾桃叶情深意浓。王家是东晋第一世家，所住乌衣巷在秦淮河南岸，而桃叶娘家在河北岸。

每次桃叶回娘家，王献之都要送到渡口，殷殷嘱咐。有人分析说，四首诗中一、三两首是王献之的口吻，二、四两首是桃叶的口吻，读来有唱和的韵味。"但渡无所苦"，是岸上的王献之在宽慰船上的桃叶。"风波了无常，没命江南渡"则是桃叶的口吻，她不惧风急浪险，定要回到王献之身边。

这并不是桃叶矫情，故意与众不同。东晋时的秦淮河宽逾百米，人称"小江"，而且当时长江紧邻清凉山、凤台山西麓，长江入海口近在镇江、扬州一线，台风海啸常使长江水倒灌，以致秦淮河泛滥成灾，甚至六朝皇宫台城也会被淹。桃叶渡风急浪高，翻船溺人，实是常有的事。

桃叶渡旧景

所以，王、桃可谓是双向奔赴。他们的爱情故事也因王献之是名垂青史的书法家这一事实被世人广为传颂，桃叶渡也被历代诗人墨客吟咏不绝。

《世说新语·任诞》中记载了王徽之邀桓伊吹笛的故事。

桓伊是东晋名将，也是著名的音乐家，尤其擅长吹笛，《晋书》称其"尽一时之妙，为江左第一"。古曲《梅花三弄》最初就是桓伊创作，后在唐代被颜师古改编为古琴曲。

王徽之是王献之的五哥，很喜欢音乐。他早年住在山阴（今绍兴），有次应诏到都城建康，船刚泊在青溪渚，就听人说岸上乘车经过的是桓伊。他一直知道桓伊笛子吹得好，但两人无缘相识。于是，他便派人前往相求："听说你善于吹笛，请你为我吹一曲吧。"桓伊虽已是高官，但生性谦和，也耳闻王徽之的名声，便下了车，"踞胡庆"，吹奏了三支乐曲，奏完，即登车离去。两人没有说一句话。这被视为六朝士人风流旷达的典范。冯友兰先生说这两人都是"为艺术而艺术"："他们的目的都在于艺术，并不在于人，为艺术的目的既已达到，所以两个人亦无须交言。"（《论风流》）王徽之满足于欣赏到了优美的音乐，桓伊满足于展现了自己的艺术造诣，双方在心灵上达成默契，说什么话都是多余的。

这个故事给南京留下了邀笛步的古迹。《六朝事迹编类》中释"邀笛步"："旧名萧家渡，在城东南青溪桥之右。今上水闸是也。"青溪桥即今淮青桥，上水闸今为东水关，其地正与桃叶渡相近。

《世说新语·德行》中记载了另一件发生在青溪渚的轶事。临川郡守周镇任满回建康，还没来得及上岸居住，丞相王导就到船上去看望他。正赶上夏天的雷阵雨，周镇的船小，舱盖又破，两个人都没有地方可坐。王导认为，周镇是廉洁自守的清官，当即委任他到富庶的吴兴去当郡守。

《景定建康志》卷十九记载："舟子洲在城南隅，周

夫子庙地区全景图　於朝勇 摄

回七里。"后有说明:"梁天监十二年,以朱雀门东北淮水纡曲,数有水患,又舟行旋冲太庙湾,乃凿通中央为舟子洲。诸郡秀才上计,憩止于此。"上计,即各州、郡年终派属吏到京城,向朝廷汇报户口、赋税等事务,有类于明代的皇册,且要接受朝廷的质询。这些属吏自然是当地的能干之人,所以说"诸郡秀才上计"。他们集中居住在舟子洲上。舟子洲的位置,在太庙附近。同书卷四十四之"古郊庙"条说梁代太庙时称:"《金陵故事》云:梁武帝时改作四周筑土壝,宫三重,便殿一所,兆域数里。今

古桃叶渡牌坊

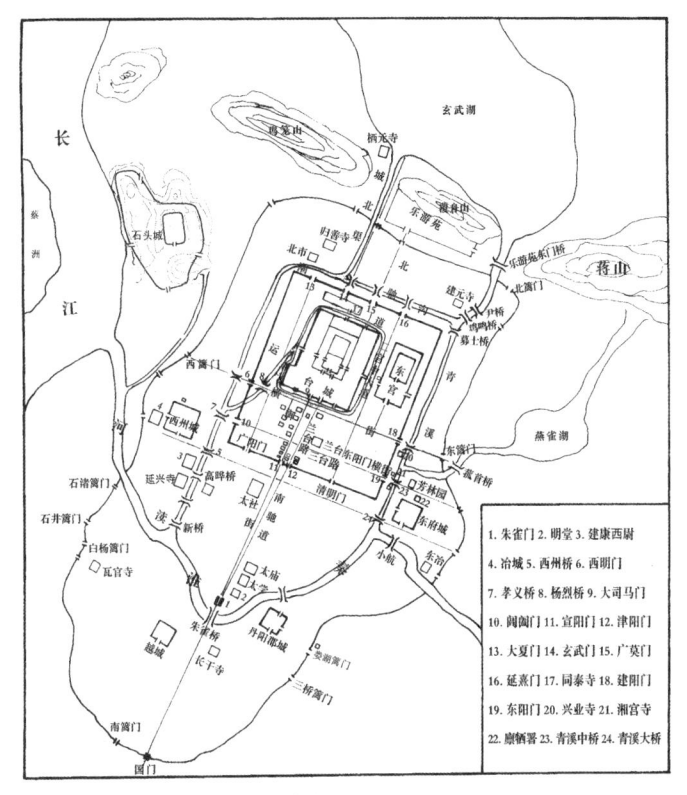

南朝梁代建康城示意图　王志高复原

其地在城东南，与娄湖相近。"准确地说，此太庙当在娄湖的西南边。为了减缓秦淮河水道曲折造成的水患，南朝梁天监十二年（513）开通了一条运河，将河道取直，由此形成了一个周长七里的河中洲渚，可以想见水面宽阔的情形。

由这些故事可以看出，六朝时期这一带主要是秦淮河畔的渡口和码头。这是因为当年秦淮河于七桥瓮附近东折转入今天的南京城区时，在赤石矶以北地势低洼处，形成了一个大湖，史称娄湖。此湖北接青溪，南抵赤石矶，纡曲西南行，至朱雀航（今镇淮桥一带）仍宽达130余米。娄湖面积相当大，南朝齐武帝曾作娄湖苑。《建康实录》记梁天监九年（510），"新作缘淮塘，北岸起石头迄东冶，南岸起后渚篱门连于三桥"。北岸部分西起石头城，直到东府城东南的东冶结束。南岸部分西起秦淮河入江口南侧的后渚篱门，并于赤石矶北麓三桥篱门相连。缘淮塘是防止河水泛滥成灾的水利设施。由此可见，东冶与赤石矶之间，正是娄湖的宽阔水面。陈宣帝时曾立方明坛于娄湖以誓师。旧说，娄湖系东吴娄侯张昭所开，这与秦淮河为秦始皇所开的传说一样，不足取信，最多就是因娄侯而得名。赤石矶下的老虎头，原名就是娄湖头。

这一自然地貌，直到杨吴徐知诰建造金陵城，才发生了巨大变化。金陵城的东城垣，与今天可以看到的明城墙走向一致，东南角以赤石矶为基础，由此北行，为利于防守，自不能在城墙上留下娄湖那么广阔的敌口。所以这一段城墙，实际上是从娄湖中切过去，直到上水门（今东水关）留下了秦淮河的入城水道。城外部分的娄湖转化为这一段城墙的护壕。这一段城墙因为修筑在原来的水面中，下部均用巨大青石砌成很高的基础，以防被水冲击、侵蚀而毁坏。

北宋中后期，北半球处于极寒枯水时期，南京地区河、湖水域也随之大幅缩小。玄武湖因淤积严重，被王安石围湖造田，娄湖的萎缩也就可想而知。从南宋初年重建镇淮桥的数据可以知道，秦淮河已缩窄至 50 米左右。同时，江中众多洲渚相连成片，今天的河西地区逐渐成陆，长江东岸大幅西移，江潮对南京城区的影响大为降低。

正是这一自然变化，成为夫子庙地区发展的有利条件。孔庙、江宁府学和贡院在宋代先后迁入夫子庙地区，使夫

夫子庙　於朝勇 摄

子庙地区成为南京的文化教育中心,也拉开了夫子庙地区发展兴盛的序幕。

第二节 文教中心一脉相承

夫子庙地区的三大建筑群中,孔庙与学宫的创建年代有明确记载,是在北宋景祐元年(1034)。而贡院的创建年代未见记载,通常的说法是,南宋乾道四年(1168)知府史正志以侍郎蔡宽夫宅址重建建康府贡院。既是重建,则应有初建时间。《景定建康志》卷三十二所载陈天麟《重修贡院记》中陈天麟称,因贡院在建炎初年被金兵焚毁后一直没有重建,只好借用寺庙、道观作为考场,贡院"故基为间阎营舍者四十年矣,侯慨然念之,指地而易其居,捐金而偿其迁筑之费,取羡余之木,为屋百有十楹"。史正志另择地,请贡院旧址上的居民搬迁,自己拿出钱来作为搬迁费用,让占用者迁居,以征收的附加税重建贡院,房屋计110间。新建的贡院"面秦淮、接青溪,挹方山,气象雄秀"。从《建康府图》上可以看到,贡院位于孔庙与府学东北、上水门西,正是今江南贡院所在。

南宋初佚名《南窗纪谈》中记载了蔡宽夫建宅故事:"蔡宽夫侍郎在金陵,凿地为池,既去土寻丈之下,便得一灶甚大,相连如设数釜者。灶间有灰,又有朱漆匕箸,其傍皆甖甀,初不甚损,莫测其故也。后见诸郡兵火之后,瓦砾堆积,不能尽去,因集以为基址者甚多,金陵盖故都,自昔兵乱多矣。瓦砾之积,不知几何。则寻丈之下,安知非昔日本地也。"这种连设几个锅的大排灶,显然是供多人饮食的大厨房,而"朱漆匕箸"也不是普通百姓家所用,或许就是先前贡院的遗迹。

蔡宽夫,曾任太学博士侍郎,著有《蔡宽夫诗话》。叶梦得任建康知府时,两人有交往唱和。叶梦得有《虞美人》词,题作《同蔡宽夫置酒,王仲弓出歌人,声甚妙》:"东风一夜催春到。杨柳朝来好。莫辞尊酒重携持。老去情怀能有、几人知。 凤台园里新诗伴。不用相追唤。一声清唱落琼卮。千顷西风烟浪、晚云迟。"此词非常形象地记录了文人雅游的情景。而蔡宽夫建宅于此,也说明其紧邻夫子庙之处,并渐成文人所喜爱的居住区。

据此而言,到乾道四年(1168),秦淮河北岸的贡院旧址被民居侵占已有40年,其被毁是在南宋立国之初的建炎年间,则其创建肯定早于建炎初年,应该是在北宋时期,即景祐元年(1034)到靖康二年(1127)这几十年间。

建康府此时急于重建贡院的原因,陈天麟在文中也有说明:"建业多士,异材辈出,曩有魁群儒、首异科而为名公卿者,项背相望也。故其后子弟益自勉,应三岁之诏者,常数千百人。"三年一度参加科举考试的,经常多达数千人。只凭借用佛寺、道观为考场,确实难以维持,所以重建贡院成为当务之急。

南宋时期,分配给建康府的荐举名额并不多。初时,

江南贡院

每三年一科，只有十名录取。绍兴二十六年（1156）增加一名，端平元年（1234）又特增二名。如是，共计仅13名，与参加考试的"数千百人"相比，诚为百里挑一。所以，建康府举人参加礼部进士考试的成绩甚好，几乎每一科都有人中进士，多时一科达五六人，也就是陈天麟所说的"魁群儒、首异科而为名公卿"。榜样的力量是无穷的，这就更加激发人们的读书热情。参加考试的人越增加，贡院就越显得不相称。故而在绍熙三年（1192），知府余端礼又对其加以扩建。这篇《重修贡院记》说，新贡院房舍计212间，旧贡院只占其中四分之一。咸淳三年（1267）知府马光祖再次重建贡院，房舍增加到294间，成为南宋一朝规格最高、规模最大的贡院。2020年，南京考古工作者在江南贡院明远楼东北侧发现宋代贡院遗址，大致可以看出是建筑群的东北角。以当年贡院二三百间房舍的规模，其向西延展肯定越过了明远楼。因发掘面积过小，尚难以完整呈现旧时的方位格局。

建康府贡院之外，夫子庙地区还有过一座转运司贡院，又称锁试院，由嘉定九年（1216）转运副使真德秀始建于青溪之西。宋代规定，考生若与本地官员或考官有亲属关系，为避徇私之嫌，另在转运司参加考试。转运司最初也是借寺庙为考场，此时正式建造贡院。从《景定建康志·府城之图》中可以看到，建康府贡院偏北、靠近东门处有"锁试院"。转运司贡院建成当年，考试首名举人陈埙，次年

江南贡院的明远楼

应礼部试为进士第一。

贡院的进入，对夫子庙地区的发展是重要促进因素。孔庙是神圣场所，每年只在固定的时间举行祭祀活动。府学学生的人数也有限。而贡院所在，数千人前往应试，带来的人气兴盛和相关行业的滋生繁荣，使夫子庙地区不仅是一个文化教育中心，而且成为一种文化生活中心。延及元代，夫子庙地区始终延续着这一孔庙、府学与贡院并立的格局。夫子庙遂成为南京文教史上的新地标。

明代前期，夫子庙地区发生了新的变化。前文介绍过夫子庙的几毁几建，而在鸡笼山下国子监落成后，科举考试先改在城北演武场举行，后一度在孔庙和武学中举行。夫子庙地区很大程度上转变为公侯贵胄的居住地，其间的代表人物有洪武年间的徐达和永乐年间的纪纲。

徐达是明代"开国第一功臣"。《翦胜野闻》中记载了一个故事,朱元璋修建新皇宫时,许诺把自己的旧王府赐给徐达,徐达不敢接受。心怀叵测的朱元璋还不放心,将徐达灌醉后扶入旧王府以作试探,显然是担心从那座旧王府中再生出一个新皇帝。徐达酒醒后"惊拜殿下",经受住了考验。朱元璋遂在夫子庙西侧原关公庙基址,为徐达修建魏国公府邸,以示自己像刘备待关羽那样,视徐达为手足兄弟。所以,南京民间相传徐达是"关公转世"。朱元璋还在徐府门前街道东西各建一座牌坊,以为表彰,俗称"大功坊",这就是今天的瞻园路。

纪纲是永乐年间不可一世的权臣。他在燕王朱棣"靖难之役"中以勇武胆略深得宠信。朱棣登基后,任命纪纲为锦衣卫指挥使,掌亲军,主诏狱。纪纲逢君之恶,株连杀害建文朝旧臣及亲族达数万人,以显示忠心。同时,纪纲贪赃枉法,谋取盗卖官盐数百万斤,尽入私囊,构陷富商上百家,尽夺其资产,闲置的贡院旧址也被纪纲占据,以建造豪宅。纪纲在朝中势焰熏天,大臣动辄遭其毒手。大学士解缙得罪了汉王朱高煦被关入天牢,朱高煦买通纪纲,将解缙灌醉后拖到雪地中冻死。

徐达家族世袭魏国公,终明一代荣享富贵。纪纲的命运却在永乐十四年(1416)逆转。这年端午节,明成祖朱棣主持射柳活动。纪纲为了测试自己在朝中的权势,暗中嘱咐锦衣卫镇抚庞英："我故意射不中,你折下柳枝欢呼说射中了,看谁敢说出真相。"在场的大臣竟没有一个人敢开口。纪纲大喜道："没有人能为难我了。"朱棣察觉了纪纲的不轨,指使太监出面举报纪纲谋逆,当即将他逮捕交都察院审讯,一天不到就结案,将纪纲凌迟处死。

纪纲死后,其豪宅被其他官员占据使用。直到景泰五年(1454),应天府尹马谅上奏,得到皇帝批准,才在此地重建贡院。现中国科举博物馆中藏有天顺元年(1457)十一月所立《奏奉旨意劄付事理》碑,上记载道:"本府儒学东,有前锦衣卫指挥同知纪纲抄没遗下品官房屋一所,前后房屋四座,前二座系怀来卫指挥陈斌家人陈通等住,坐后系忠勇伯家人侯清等居住。彼因房屋数多,家人数少,俱各空闲,见赁与镇江等府农民掘坑盛粪,日渐损坏。"尹马谅后报朝廷批准,另择空房安置原住居民,以其地建造贡院,景泰七年(1456)首次在此地举行乡试。乡试结束后,有官员看到贡院新盖房屋众多,地势宽阔,居然前来索讨。所以,相关官员又奏报皇帝,并立此碑公之于众,"不许官豪势要之徒,朦胧妄讨"。

明人陆粲在《庚巳编》卷一之"贡院"条记载:"南京贡院,锦衣指挥使纪纲宅也。纲有宠文皇帝朝,后坐不法伏诛,阖门受歼于是(或云生瘗其下)。至今每乡试时,举子入院,辄有声自地中起,历诸号房上,如万马腾踏者云。"据说,纪纲家人都被活埋在这宅院中,这是江南贡

瞻园路

晚清贡院街口牌坊

院掌故中最为残酷的记录。

现在能够看到的夫子庙地区格局，就是在此后逐渐形成的。

秦淮河北岸，自古桃叶渡西行至姚家巷口，有利涉桥通往河南岸。过利涉桥北口即贡院街，走完贡院街，过贡院西街南口，即夫子庙庙前广场。广场西沿有文德桥沟通南北。过文德桥北口向西，即瞻园路，西南是东牌楼，直通武定桥。

利涉桥是夫子庙地区的一个重要地标。陈开虞在《康熙江宁府志》卷七中记载，顺治三年（1646）"知府李正茂造木桥于桃叶渡，名利涉桥"。康熙二年（1663）改木桥为石桥，结果引起一场轩然大波。桃叶渡自古以来有渡无桥，是因为地近秦淮河入城处的东水关，造桥不利于河水流动。木桥桩脚小，影响尚不大，石桥桩基大，必然会阻滞水流。当地人认为这破坏了城市的风水，迫使官府拆了石桥重建木桥。利涉桥北口所对姚家巷，正是贡院的东边界。贡院南临秦淮河，西边是夫子庙，北边是南唐建城以后就形成的东西干道（今建康路），所以只能向东扩展。因贡院四周都建有围墙，故姚家巷成为夫子庙地区东边的一条交通要道，也是庄严文教区与商市居民区之间的分界。

利涉桥北口以西的临河道路，就是贡院街，亦称贡院前街。

民国初年陈诒绂在《钟南淮北区域志》中介绍贡院："贡院为上下江试士场，以明锦衣卫同知纪纲没入宅为之。

江南贡院遗迹至公堂旧景

明远楼侧影 於朝勇 摄

夫子庙

《同治上江两县志》中《二县城内图下段》

其中飞虹桥、至公堂、明远楼，制同各省。惟东号舍曰平江府，则割平江伯陈瑄宅益之。今皆拆毁殆尽矣。"这就是夫子庙会有一条平江府路的原因。由此可知，当年纪纲旧宅第主要在今贡院的西部，也就是夫子庙地区的中心。

贡院街东、西口各有辕门。贡院街中段，北行至明远楼的道路名龙门街，取应试士子"鲤鱼跃龙门"之意，是贡院的中轴线。《同治上江两县志》卷五载："大门外'旁招俊乂''登进贤良'及内'龙门'、东、西'文场'诸大字，皆程春海书。'辟门吁俊'四篆字为江上舍金铖书。今为曾文正公重书。同治十二年以试生拥挤，仿浙省五路点名之法，更辟东、西二门，有'抟鹏起凤''和鸾振鹭'诸额。"这是科举考试正常进行的同治年间的记录，让我们可以了解当年贡院大门、龙门的设置和坊匾内容的真实情况。

明代永乐迁都后，应天府作为南直隶首府，现江苏、安徽、上海地区的考生都要到南京应乡试。景泰年间，建贡院于秦淮河北岸、应天府学东侧，此地遂成为全国重要的科举中心。晚明陆世仪在此应试，有《闱中作》诗记事："一万英髦试棘闱，人人意气欲骞飞。功名自尔丈夫志，富贵不淫谁与归。"每届应考士人常多逾万人，规模已经很大。清初改应天府为江宁府，隶属江南省，江南贡院由此得名。康熙六年（1667）分江南省为江苏、安徽二省，但科举考试仍在南京江南贡院举行。江南贡院屡经扩建，

《金陵胜观》中的东文场与号舍

雍正二年（1724）所立《增修贡院碑记》中曾说到号舍的增加，"天顺初，号舍三千，万历中，增至八千，康熙庚午总督傅公、癸巳巡抚仪封张公递增至万有三千"，此次又增加四千余，"通得新旧号舍万七千楹有奇"。道光三年（1823）因号舍颓坏漏雨曾经加以维修。同治十年（1871）所立《重修江南贡院碑记》记同治五年（1866）两江总督李鸿章又增建2812间，"合旧号都为万八千九百奇"，号称两万间，占地面积近30万平方米，规模之大居全国各省贡院之首。

三年一届的乡试，是秀才博取功名的机会，中试者成为举人，即有任官资格。举人得到的社会礼遇很高，中举后可得到官府发给的牌坊银20两，供其在家门前建造牌坊，另有置办举人服饰的衣帽银等。乡试次年，举人有资格赴京城参加会试，通过会试和殿试成为进士。这些成功者容易被人看到。就像今天的彩票市场，只有大奖、特奖会被广为宣传。《点石斋画报》中有图绘光绪十七年（1891）《南闱放榜》之景象，图上文字介绍阅卷、录取、放榜经过："江南乡试，合上下江为一棚，考生每多至二万余人，故其放榜亦较他省为独迟。本届辛卯正科，朝廷特简金静

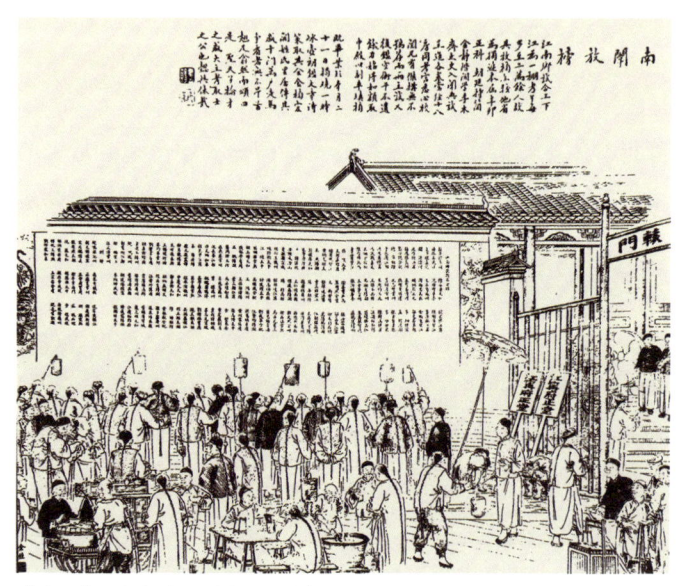

《点石斋画报》中的《南闱放榜》

阶阁学李木斋太史入闱典试。呈进各卷,当经十八房同考官悉心校阅,凡有杰构,无不鹗荐,而两主试又复鉴空衡平,不遗余力,始得如额取中,殿以副车。填榜既毕,业于本月二十一日揭晓。一时冰壶朗鉴,文章诗策取其全,金榜宏开,姓氏里居传其盛。千门万户,走马争看者,无不昂首跂足,翕然而颂曰:'是圣天子抡才之盛,大主考取士之公也。'懿其休哉。"画面中人头攒动,然而中举人数不到百分之一,大量落第者只能失望而归,默默无闻地继续挣扎,甚至为此虚耗一生。

晚清《点石斋画报》中有个《犹有童心》的故事,说童生考秀才,有五位老人夹在青少年考生中,苍颜白发,老态龙钟,拈须自顾,还嗤笑年轻人无知。然而到发榜之际,考中的都是翩翩少年,这五位老人又一次名落孙山。另一个故事叫《吃梦笑柄》,说南京有"吃梦"的风俗。秀才参加乡试,出考场后到发榜之前,邀约同考若干人到酒家宴饮,并请一位前科举人作佐证,称"梦神"。酒菜钱待发榜后统由新科举人给付。某年有考生六人,请某举人为梦神去酒楼"吃梦",不料被酒保驱赶,说:"各位公子做梦,总有梦醒之日。小店的酒钱则永无还期。"原来这位举人去年率众吃梦,结果没人中举,就赖掉了酒钱。六考生认为酒保这话等于说他们今年都不能中举,太不吉利,勃然大怒,砸了酒店还把酒保送保甲局究治。保甲局官员也不以为然,说:"我看各位都是明白人,想做梦就

《点石斋画报》中的《吃梦笑柄》

《点石斋画报》中的《犹有童心》

早早回家去睡觉。"众人无可奈何，一哄而散，传为笑柄。

由贡院街西行，过贡院西街南口，就是夫子庙的庙前广场了。贡院西街是夫子庙与贡院的分界线。因为考生众多，贡院的范围比夫子庙大得多，所以地名也随贡院，不叫夫子庙东街。贡院西街是夫子庙地区最重要的通行道路，临近建康路的北口，是夫子庙风景区的主入口。

贡院西街北口向西、直至教敷营，即夫子庙北面的道路，就是状元境。状元境旧传因秦桧、秦熺父子居此而得名。南京有以状元居宅命名街巷的习惯，如明代的焦状元巷、朱状元巷，清代的秦状元巷、黄状元巷等。其实，秦

白鹭洲公园

李光明庄出版图书牌记

桧及其养子秦熺、孙秦埙三代都没有中过状元。状元境得名较可靠的说法,是因此地即宋代状元坊,里坊衍化为街巷后沿用旧名。也有人说,是因此地有状元阁书铺而得名。状元境确实书铺云集,是南京的图书营销中心之一。状元阁书铺是李光明庄的分铺,但李光明庄始于清代同治年间,而道光年间金鳌的《金陵待征录》中已有状元境地名。

李光明庄主人李光明,字椿峰,号晓星樵人,据说曾在曾国藩手下专事典籍出版,南京被收复后一度承办江南贡院乡试印题及文卷事务,后自营书坊。所刻各书前牌记多用红印,类于广告:"江南城聚宝门三山街大功坊郭家巷内秦状元巷中李光明庄,自梓童蒙各种读本,拣选重料纸张装订。又分铺状元境、状

李光明庄出版图书牌记

元境口状元阁发售。实价有单。"郭家巷东接大功坊，西通秦状元巷，今并入金沙井。李光明庄所刻之书多冠以"状元阁"，如《状元阁印古文观止》《状元阁印孔子家语》《状元阁印宋元明诗》等，书前所附书目，常标示"状元阁印""状元阁爵记印"。

与状元境仅一街之隔，三山街口的承恩寺，明代即是商业中心，《客座赘语》说其地"最为城南嚣华之地，游客贩贾蜂屯蚁聚于其中"。承恩寺东即奇望街，也就是明清时期古董文玩的聚集地。

夫子庙的位置，自宋代以来已绵延千年，其西边是明代初年建造魏国公府的大功坊，即今瞻园路。大功坊迤东有南园、西园、四锦衣东园、三锦衣北园、九公子家园等，都是徐达后裔所建造。西园即今瞻园，东园即今白鹭洲公园。

夫子庙庙前广场的西沿，正对文德桥。文德桥是夫子庙地区的又一个重要地标。文德桥与利涉桥之间的秦淮河南岸道路，就是大石坝街。文德桥不但是沟通秦淮河南北的重要通道，也是观看秦淮灯船和河房景致的最佳地点。最神奇的传说是每年中秋之夜，月亮正照在文德桥上，所以从桥上看两边的河面，都只能看到半边月影。

因为夫子庙南临秦淮河，地势低洼，所以在明代后期屡受秦淮河水患影响。顾起元在《客座赘语》卷一"水灾"条中有记："万历十四年丙戌五月初三日大雨，至十七日，城中水高数尺，儒学前石栏皆没，江东门至三山门亦行舟。三十六年戊申五月，江涛大溢，城中水泛滥，儒学欞星门亦淹没。"陆世仪《江宁谣十首》之六"一霎云雷风雨过，三场巨浸竟成河。龙门未必皆烧尾，赢得双双浸碧波"，也写到贡院龙门街被淹。烧尾宴，是唐代以来士子登第后举行的庆贺宴席。传说鱼跃龙门，必须有雷电烧去其鱼尾，才能化龙。

清代道光年间，因秦淮河淤塞严重，且官府治水不力，故水患频发。道光十一年（1831）大水三月不退，贡院号舍都被淹没。两江总督陶澍不得不奏请朝廷允准江南乡试推迟一个月举行。道光二十年（1840），再次因贡院积水而不得不延迟乡试。道光二十五年（1845）十二月所立《江宁重修贡院记》中说，"因近年时逢秋雨，江潮盛涨，由西水关溢入秦淮。贡院滨临，号舍积涝者六千有奇，每于科场患之"，经官绅捐款，组织施工，"将被淹号舍六千一百余间拆卸，筑土增高，重为建造。……并添开子沟，以利水道，棘垣周围增高二尺"，"又将大门以外街道加高五寸，墁以青石。又修院东之利涉桥，以便士子之往来也"。然而，遇到大洪水，这一切举措仍然无济于事。回乡居丧的何汝霖在日记中描述道光二十九年（1849）五月的水灾时称："贡院号舍，只露房顶，可怕可惨。"

最终促使贡院消亡的是，八股取士培养出的人才，无从应对中国"三千年未有之大变局"。内外交困之下的清王朝，在光绪三十一年（1905）宣布废科举、兴学校。贡院街、龙门街、夫子庙前广场很快就与周边原有的商业服务区融为一体，转化为热闹街市。

民国年间，夫子庙最后的文化余脉，是南京通志馆曾设的青云楼，后一度易名为征献楼。卢前先生主持通志馆时，编辑出版《南京文献》二十六期，收录了大量南京古今文献资料，广涉政治、经济、文化、史地、人物、风俗等多方面，对保存与研究南京人文历史具有重要意义。

第三节　图书出版和营销

南京作为江南文化教育中心，社会读书风气浓郁，图书需求量大，自宋代即成为中国重要的图书集散地，明代更与杭州、建阳（今福建南平市辖区）并称全国三大出版重镇，涌现了众多出版家。因市场需求刺激、技术力量保障，南京出版图书品种、数量位居全国第一，除满足本地市场需求外，还分销到全国各地，甚至被出口到东亚、东南亚各国。据张秀民的《中国印刷史》统计，明代南京书坊达93家，大多集中在夫子庙、三山街一带。

明人胡应麟在《少室山房笔丛·经籍会通》中记载："凡金陵书肆，多在三山街及太学前。"古代书坊合出版与销售为一体，多在夫子庙周边的三山街、状元境、承恩寺一带，见于现存古籍牌记的达数十家，如著名的世德堂、富春堂、继志斋等。也有一些书坊在国子监周边，如在南京经营数十年的十竹斋,即在国子监西侧北极阁山麓。但十竹斋也有销售处在承恩寺。《十竹斋书画谱》前加插有顺治十二年(1655)夏至前三日的反盗版告白:"近有无耻之流,见本斋传世已久,假冒本斋堂号,希图射利,殊堪可恨。今另作'麟吐玉书'图记,凡赐顾客商,须认金陵承恩寺头山门东首巷内,方得真正十竹斋本号,不致有误。"十竹斋饾版、拱花技艺臻于雕版印刷术顶峰,所编辑刊印《十竹斋书画谱》《十竹斋笺谱》等精美非凡、声名远播,屡被其他书商仿冒牟利。十竹斋出版书籍时不得不加盖防伪图记,但防伪图记也会被人模仿,所以此时又新制"麟吐玉书"图记,画面是一麒麟口含书册,精细复杂,增加了模仿的难度。

十竹斋笺

顺治末年，在杭州经营图书的李渔，意识到南京的文化氛围和市场环境更适宜事业发展，遂决计移家南京，择居桃叶渡附近金陵闸，次年开设翼圣堂书肆（亦称翼圣斋）。金陵闸距江南贡院仅一箭之地，应试士子和文人墨客往来方便，利于出版营销。李渔在此经营书业约有10年之久，后有资金才在周处台附近修造芥子园。李渔在南京除继续刊印自著小说、戏曲及《资治新书》《笠翁一家言全集》《闲情偶寄》等各类著作，并精刻精印《李笠翁批阅三国志》《李卓吾批评忠义水浒传》《绣像西游真诠》《新刻绣像批评金瓶梅》，合称"四大奇书"。"四大奇书"是中国小说史上的重要里程碑，分别代表着历史演义小说、英雄传奇小说、神魔小说、世情小说的巅峰，也即宋人话本中讲史、说铁骑儿、说经、小说四家的承续。清代加入《红楼梦》，成为五大名著，后因《金瓶梅》遭禁，才定型为今天的四大名著。此外还出版了《唐诗类苑选》《情史类略》《今古奇观》《东周列国志》《禅真逸史》《绘像第七才子书琵琶记》等经典名著，以及《本草纲目》《笠翁诗韵》《笠翁对韵》《四六初征》《尺

芥子园门匾

《芥子园画传》书影

牍初征》《古今史略》等实用工具书。

中国文化史上的许多重要经典，都是在南京刊刻成书。如万历二十一年（1593）金陵胡承龙刊李时珍《本草纲目》，是此书最早的刊本，2011年入选"世界记忆名录"（Memory of the World Register）。王圻、王思义父子编纂的大型类书《三才图会》14类106卷，天文、地理、人物无所不及，有"图海"之誉，万历三十五年（1607）由金陵槐荫草堂刊行。同年，唐锦池文林阁刊印大型画谱《图绘宗彝》300余图。万历二十五年（1597），荆山书林刊杂艺丛书《夷门广牍》106种。万历年间，胡文焕文会堂辑刊《格致丛书》169种，多秘册珍函。意大利科学家、传教士利玛窦的《山海舆地全图》刊行于南京，刊印者为天主教友周用，他还为南京教堂刻印过《交友论》《畸人十篇》等书籍。崇祯年间，金陵武位中出版了传教士邓玉函著《远西奇器图说》《新制诸器图说》，更具科学价值。在中西文化交流中，南京出版也占有一席之地。清中期甘熙《白下琐言》卷二记载："书坊皆在状元境，比屋而居有二十余家，大半皆江右人。虽通行坊本，然琳琅满架，亦殊可观。"

清末上海开明书店主持人夏清贻，趁乡试之机到南京销售新学书籍，以"播文明之种子"，留下一篇《金陵卖书记》，说一个多月只卖出三千余部，以两万考生而论，购买新学书籍的不过二十分之三。他分析购书者的年龄分布，四五十岁以上的只有两人，"可知文明之运命，端在青年，而文化之将开，确可预卜也"。文中对热衷科举的考生颇多讥讽，称之为"考呆子"。这是新学始兴、科举将废之际一种难得的记录。

民国年间，卢前在《冶城话旧》中说到废科举后的书肆变化。卷一《李光明庄》篇中说："明初，金陵为人文之薮，三山街一带，书肆林立，如唐氏富春堂、文林山房等，在今日言版本者，可以一一指数。洎乎天启、崇祯时著名之书坊遂日少。李光明庄者，状元境一书肆也，其作坊在秦状元巷。当晚清时，东南各省几无不知李氏者，所刻如'四书''五经'、《三（字经）》、《百（家姓）》、《千（字文）》、《史鉴节要》、《龙文鞭影》诸书，皆当日家塾之课本，蒙童无不人手一编，故销行极广。"据其所印书目，多达一百六七十种，其雕版、印刷及用纸都是比较好的。南京流传的歇后语中，就有"李光明的伙计——做书（坐输）"。待到清末废科举、兴学校，"商务印书馆、中华书局崛起，编制中小学教科书，而李光明之书遂不行"。然而在偏远乡村，新学校尚未普及，仍由私塾先生教育蒙童，所以还有人专程到南京来采购李光明庄的书。又《状元境书肆》篇言："入民国后，昌明书局为各书店入状元境之始。然商务、中华先后开办于花牌楼，昌明不能取旧书肆代之也。萃文、保文堂开设较晚。卖旧书仍以文海山房为有办法，主人老冯，善于搜集，每有所得，视其所需，分送雇主家，不以门市为主。近年来京猎官者，多携古籍，遇困穷则以出售，老冯其掮客也。"民国年间，状元境书肆仍延续明清以来的传统，出版、销售旧学图书，也就是今天所说的古旧书。商务印书馆、中华书局等新学书店，则集中于花牌楼（今杨公井）一带。昌明书局以新书店身份而进入状元境，也无从改变状元境书市的面貌。来南京谋取官职的文人，多带有古籍，经济窘迫时只好卖给旧书店。这也是夫子庙三山街书店的传统，明清时期的考生以至文人、官员，都可能将藏书以至文玩转卖给书店。

抗战期间纪庸在《白门买书记》中说道："友人告以书肆多在夫子庙贡院街，始知有问经堂诸肆，忆其时以七元买渔洋《精华录笺注》，二元买《瓯北诗话》，虽版非精好，而装订雅洁，颇不可厌……贡院西街在夫子庙，书坊历历，唯问经堂最大，主人扬州陆姓，干练有为，贩书南北，结纳朱门，以乱前萃书书店之伙友，一变而为南京书业之巨擘。"又说道："状元境仅存之书坊，自东而西，曰幼海，曰文海，皆扬州籍……善文书店，在中间路南，主人殷姓，保文堂旧徒，乱后自营门市……善文西曰会文，韩姓，亦新设……状元境旧肆，如天禄山房、聚文书店，今皆不存，唯集古一肆，伶俜路北……萃古山房，原亦在此……顷另设门市于贡院西街。"另有原在状元境的保文堂、萃文书店迁到朱雀路一带。但是，导致状元境书肆街变化的根本原因，科举废止后夫子庙地区失去了文教中心的地位。

孔尚任在《桃花扇》第二十九出《逮社》中，安排了一位书商出场。这位"金陵三山街书客蔡益所"自述："天下书籍之富，无过俺金陵；这金陵书铺之多，无过俺三山街；这三山街书客之大，无过俺蔡益所。你看十三经、廿一史、九流三教、诸子百家、腐烂时文、新奇小说，上下充箱盈架，高低列肆连楼。不但兴南贩北，积古堆今，而且严批妙选，精刻善印。俺蔡益所既射了贸易诗书之利，又收了流传文字之功。凭他进士举人，见俺作揖拱手，好不体面。"这一段话可以说是三山街书市的形象写照。蔡益所书坊且备有客房，在乡试之年租给考生，《桃花扇》第一出中就说到复社领袖陈定生、吴次尾"寓在蔡益所书坊"。

蔡益所说到的"腐烂时文"，是最为科举考生所欢迎的"精选程墨"，俗称"墨卷"，即挑选历年进士、举人的考卷，加以批点，分析得失，作为范例，有类于当今的作文指导。当年这生意十分兴盛。《儒林外史》中写杜少卿和迟衡山去秦淮河边租河房，"走到状元境，只见书店里贴了多少新封面，内有一个写道：'《历科程墨持运》，处州马纯上，嘉兴蘧駪夫同选'"。这二位是当时选家中的佼佼者。马纯上就是祭泰伯祠时的"三献"、《幽榜》上排名二甲第三的马静，人称马二先生，极受众人推崇。

《儒林外史》第十三回中描写了马静选书的故事。他与嘉兴蘧駪夫大谈选书的"理法"、各朝的举业，以及他敬业的精神，"时常一个批语要做半夜，不肯苟且下笔，要那读文章的读了这一篇，就悟想出十几篇的道理，才为有益"。按照这个道理，他是早该高中状元了的。然而，他"补廪二十四年"，至少已经参加过八回乡试，回回名落孙山，连一个举人都没有考中。吴敬梓极力赞赏他的古道热肠、仗义疏财，对其学问则避而不谈。但是，在第十四回中认真地描写了马二先生游西湖的情节。马二先生因"西湖山光水色，颇可以添文思"，遂去游西湖，但一路只是"走""走走""跑""乱跑"，看见的只是一船一船乡下妇女，成群逐队富家女客。在南屏吃茶，"桔饼、芝麻糖、粽子、烧饼、处片、黑枣、煮栗子"各式茶点，他"每样买了几个钱的，不论好歹，吃了一饱"，最后又被两个假神仙给骗了。生活中如此全无判别、鉴赏、审美能力的一个人，在文章上的见识，也就可想而知。

第二十八回中的选书故事更为有趣。安庆文人季恬逸流落在状元境,"每日里拿着八个钱买四个'吊桶底'作两顿吃,晚里在刻字店一个案板上睡觉",想回乡却连路费都没有。这里说的刻字店,不是今天刻图章的店,而是雕刻图书印版的雕版店。"终日吃了饼,坐在刻字店里出神。那一日早上,连饼也没的吃",可谓山穷水尽。偏巧有个想附庸风雅的土财主诸葛天申找上门来,想找一位"选文章的名士"合选一部书。季恬逸忙将马纯上、蘧駪夫等选家的大名报出来,诸葛天申道:"不拘那一位。我小弟有二三百银子,要选一部文章。烦先生替我寻一位来,我同他好合选。"这部书印出来,是要卖给应试考生读的,选评文章的自然就成了名人。然而,诸葛天申只有银子本钱,还得寻一位有学问本钱的"合选"。季恬逸一时无处找人,"只望着水西门一路大街走,遇着那个就捉了来,且混他些东西吃吃再说"。水西门是进出南京最重要的码头,东行过三山街,到夫子庙,是文人学士必经之路。果然让他碰到了萧金铉,忙拉住了说:"如今有一桩大生意作成你——你却不可忘了我!"三人"到三山街一个大酒楼上"吃饭,"季恬逸点了一卖肘子,一卖板鸭,一卖醉白鱼。先把鱼和板鸭拿来吃酒,留着肘子,再做三分银子汤,带饭上来","尽力吃了一饱"。所谓文章选家的真面目,被吴敬梓描绘得淋漓尽致。

值得注意的是,蔡益所将"新奇小说"也与经、史、诸子相提并论。这是明代后期出版业的一个重要变化。小说、戏曲等俗文学作品，既不能像经、史、子、集、传统经典那样供人研讨学问，也没有农桑、水利、医药、方技以至九流三教之书的实际应用意义，完全是为了满足读者精神心理上的需求。这类书籍能成为南京图书市场上的大宗，是因为明代后期，随着民间手工业与商业的兴盛，市民阶层崛起，形成了不亚于科举士人的新阅读群体，小说、戏曲等原本不登大雅之堂的俗文学作品更为他们所欢迎。民间生活、民间趣味、民间语言、民间情调等要素形成新的文学艺术形式，也促进了此类作品的创作与出版。而图书的普及又便利了社会阅读，成为文教发达的重要标志。

南京书坊刊印小说、戏曲多达数百种，中国四大古典小说名著之一的《西游记》、明代话本小说经典"三言"中的《警世通言》、文言小说集《绣谷春容》等的初版，都是在南京问世。《忠义水浒传》《三国志演义》《喻世明言》《醒世恒言》《皇明英烈传》《三宝太监下西洋记》《大宋宣和遗事》《大宋中兴通俗演义》《包孝肃公百家公案演义》《列国志传》等小说，有多家南京书坊刊印。戏曲如关汉卿《白蛇记》、汤显祖《紫箫记》《牡丹亭还魂记》、梁辰鱼《浣纱记》、王十朋《荆钗记》等一版再版，南、北《西厢记》更有十来个不同版本，《红拂记》《玉簪记》《绣襦记》《琵琶记》《义侠记》等名剧也屡见刊印。南京刊印戏曲之多天下无双，仅富春堂所刻戏曲据信达百种，今存尚有约 50 种。散曲作品刊印亦不少，如汪廷讷为金陵名家陈铎所刊《陈大声全集》等。散曲与昆曲同时在南京广为流行，受到社会各阶层的欢迎。

第四节 河房与灯船

夫子庙带来的地区繁华，首先体现于秦淮河两岸的特色建筑——河房。

"明末五秀才"之首吴应箕在《留都见闻录》中说："南京河房，夹秦淮而居，绿窗朱户，两岸交辉，而倚楼窥帘者，亦自相掩映。夏月淮水盈漫，画船箫鼓之游，至于达旦，实天下之丽观也。"他在"河房"一节中如此分析晚明河房的分布：十里秦淮，从水西门西水关到武定桥，河房寥寥无几，进入夫子庙地区，"武定桥以上河房，渐有可观"，河北岸有王氏、梅氏河房，匾联多由贵官题写。文德桥下有徐府河房，建筑壮丽。夫子庙与泮宫是庄严场所，河岸边不容有其他建筑。过了学宫，"则两岸河房鳞次相竞"，贡院街临河一面与南岸大石坝街河房最为密集。这些河房的经营对象主要是应试的考生，所以每逢科举年份，都会格外粉饰，吸引财力雄厚的考生重金租赁。其中最著名的有瓜州余家河房，亭台宽敞，庭前有白木槿可供观赏。过了贡院，南岸有齐王孙河房，垂柳成荫，最宜消夏。桃叶渡的河房都是老户人家经营多年的，常被高官富贾租用或买断。钓鱼巷的几所河房,都是太监、贵胄在经营。《桃花扇》的男主角侯朝宗,到南京应试时就住在那里。过了淮青桥,河房渐稀,多为官员的私产。由此可以看出,河房的兴盛,正是得益于夫子庙地区这个科举文化中心。与贡院一街之隔,秦淮河北岸已经建造起连片的河房。

珠泉居士在《续板桥杂记》中也写了"今自利涉桥至武定桥,两岸河房,丽姝栉比",贡院街以南皆河房,每值科考之年,文人雅士云集,豪奢者不惜重价,租住华丽的河房。著名的有秦淮水阁、丁家水阁、周氏水阁、熊氏河房、潘家河房等。钱谦益、龚鼎孳等文坛领袖就常住在丁家水阁。周在浚在《秦淮古迹诗》中也写到此事:"桃

民国年间的夫子庙河房

根桃叶画楼多,秋水秋山唤奈何。几曲小阑明月底,有人曾此别横波。"自注:"桃叶渡头丁老河亭,钱虞山、龚芝麓常主其家。""别横波"的是龚鼎孳(号芝麓),他后来将顾横波娶回家作了夫人。珠泉居士《续板桥杂记》中也有记载:"贡院与学宫毗连,院墙外为街,街以南皆河房。"《桃花扇》中李贞丽有言:"梨花似雪草如烟,春在秦淮两岸边。一带妆楼临水盖,家家分影照婵娟。"与此相应,茶馆、酒楼也都在这一带。《续板桥杂记》记载:"茶寮酒肆,东则桃叶渡口,西至武定桥头,张幕挑帘,食物俱备。而诸名姬又家有厨娘,水陆珍奇,充盈庖室,仓猝客来,咄嗟立办。燕饮之便,莫过于斯。"

吴敬梓在《儒林外史》第三十三回中写杜少卿打算迁居南京,与迟衡山出了状元境书铺去找河房:"当下走过淮清桥,迟衡山路熟,找着房牙子,一路看了几处河房,多不中意,一直看到东水关。这年是乡试年,河房最贵,这房子每月要八两银子的租钱。杜少卿道:'这也罢了,先租了住着,再买他的。'南京的风俗是要付一个进房,一个押月。"乡试年河房租金"最贵",因为三年一度来南京应试的考生,是河房的重要客源。南京有俗话:"三年不开张,开张吃半年。""进房"即预付一个月房租,先付租金后入住,另须付一个月租金为"押月",以防租客毁约或损坏房内设施,房主无法索赔。一两银子可以换一千文铜钱,按当时的物价,二三十文钱就可以生活一天。

河房的精华，在临河的水阁。杜少卿租下河房，乔迁请客，"到上昼时分，客已到齐，将河房窗子打开了。众客散坐，或凭栏看水，或啜茗闲谈，或据案观书，或箕踞自适，各随其便"。后文又说他和金东崖"摆桌子在河房里看""《四书讲章》"。这里说的，就是临河水阁。水阁讲究的是布置清雅，盆花茗碗，处处怡人，因而成为秦淮河上的别样风光。

吴敬梓移居南京后，就住在秦淮河房中。他在《移家赋》中说到新居的位置："诛茅江令之宅，穿径谢公之墩。乌衣巷口，燕子飘零；白板桥边，鱼舟暖乃。"此处的白板桥不是余怀《板桥杂记》中的"长板桥"，而因吴敬梓《金陵景物图诗·桃叶渡》首句"花霏白板桥"，诗序中说明此桥是桃叶渡的利涉桥："今则仍木桥，名利涉。"文中所述四个地标中，江令宅即南朝陈诗人江总故宅，江总入隋后还乡，此宅已无踪迹可寻，大约在淮青桥东青溪畔，据说明代顾璘息园即建于其地，乾隆年间将原江宁织造署改建大行宫，江宁织造署迁址于此。谢公墩远在五台山永庆寺，清初乌衣巷在今剪子巷一带，自是虚指无疑。《移家赋》一文中不说淮青桥也不说文德桥，而独提出利涉桥，可见吴敬梓之宅当在利涉桥附近。吴敬梓又有《洞仙歌·题朱草衣〈白门偕隐图〉》，词中写道："我亦有、闲庭两三间，在笛步青溪，板桥西畔。"由此，可明确吴宅在利涉桥西畔。其子吴烺有《感旧》诗："小亭卜筑板桥西，一桁春山与屋齐。可爱阑干临水面，数株垂柳绿云低。（余家自癸丑春半移寓秦淮上）"这也证明是在利涉桥西，贡院街东头近姚家巷。所谓"秦淮水亭"，即"阑干临水面"的河亭，俗称水阁，是河房的标配。《儒林外史》中写杜少卿住进河房，"房主人家荐了一个卖花堂客叫作姚奶奶来见"，有意无意间带出一个"姚"家来。

光绪年间，燕山逸叟编辑、珠湖居士校定的小说《南朝金粉录》第七回《开胜筵招饮一枝园××访彼美重游半山寺》中，描写的秦淮河房景象最为细致："原来这一枝园在秦淮河对过，若由利涉桥去，就要绕些路了，故此在河这边人要往一枝园，皆是雇船就近。一刻工夫船已靠岸。"当时的秦淮河上，东边利涉桥与西边文德桥之间，没有别的桥梁，但两岸河房都有水码头，所以在大石坝街中段要过河到北岸，雇船摆渡比绕行过桥近便。"本来这个园子有所河厅，临河砌著石头码头，以便游人上下。对面一带河房皆是教坊。夏秋之间凡那公子王孙，多半假此宴客，因为这园内房廊宽敞，陈设精工，即召妓侑酒，亦颇顺便。吉庆和走出船头，望上一看，这见一排玻璃窗槅内，拉著水墨梅花白绫窗挡，外面一带朱红漆亚字栏干上，横著一块小小沈香木深刻的横匾，填著云蓝色'停艇听笛'四字，吉庆和看罢便道：'好一所河厅！'说著下船来，同赵鼎锐上得码头，走了十几层坡台，复向东转了个湾，便是这园子后门。进了后门，是窄窄的一条曲径，两旁皆种著修竹，穿过曲径，又是一道围墙，从围墙西首夹道绕至前面，中间开了个月亮门，上写著'梅花深处'。刚到门首，有个园丁走上前来说道：'李老爷在镜水轩呢！'说著便在前领道。进了月亮门，吉庆和四面一望，只见奇峰叠岫，皆是玲珑石堆就的假山，山上种著百十株老梅，疏疏落落开了几枝花。转入假山，迎面一座六角亭，亭之周围皆装著碧油阑干。打从左侧过去，是小小的一个鱼池，池上一道卍字小桥。靠著右首围墙，又是一座玲珑石峰，山峰顶上也栽了七八株梅树，半腰里嵌着一块磨砖匾额，写着'小香岩'三字。由卍字桥过去，临池三间楠木客厅，便是镜水轩。那园丁走进廊檐，掀起大红夹毡软帘，说了声：'客到。'大家都站起来迎接。"

"停艇听笛"，是晚清薛时雨为贡院街东段杨氏水阁所题之匾，典出东晋邀笛步的故事，四字生动地表现出王徽之停艇听桓伊吹笛的景象，且音近而切四声，令人叫绝。薛时雨并题一联："六朝金粉，十里笙歌，裙屐昔年游，最难忘北海豪情，西园雅集；九曲晴波，一帘梦影，楼台依旧好，且消受东山丝竹，南部烟花。"所用皆秦淮典故。贡院街西段泮池畔、奎星阁下，开着魁光阁茶社。因为奎星阁中供着《魁星点斗图》，应试考生都会前往瞻拜，以求夺魁之吉兆，所以魁光阁茶社的人气也就特别旺。

官绅名士的河房、府第，交相错杂，多利用自然山形、水势建造园林，喜招文人雅士宴集以传扬声名。主人既好

秦淮市夜景 於朝勇 摄

《金陵胜观》中的魁光阁秦淮河

客，客人也乐得借此聚会。民国年间夏仁虎的《秦淮志》中，尚能举出晚清河厅数处。其伯父夏家钩，得太守杨竹荪所赠牛市河厅，便成为一时文会之所。辛亥革命后河房主人多沦落，但河房以其风光优势转换为酒肆、旅舍。贡院街茶楼、酒馆比邻而立，命名多出自于文人墨客，如贡院街的"问柳近淮"、桃叶渡的"问渠唤渡"、文德桥口的"得月台"，各家都有自己的拿手菜肴、特色茶点，愈出愈精。

河房前面街，后临河，有水码头与河上的灯船互动，上下通达便利，也促进了秦淮灯船画舫休闲娱乐活动的繁盛。这一活动的参与人群，同样是以应试考生和文人学士

秦淮河画舫旧影

为主。所以，秦淮灯船兴起的时期，也是在明代景泰年间贡院迁入之后。明遗民杜濬在《初闻灯船鼓吹歌》中回溯万历初年情事时有言："尔时秦淮一条水，伐鼓吹笙犹未盛。"自张居正变法，社会经济渐趋富强，"普天物力东南倾"，"豪奢横溢散向水"，"九州岛富庶无旌麾，扬州之域尤稀奇"，"旧都冠盖例无事，朝与花朝暮酒暮"，南京的商业与服务业蓬勃兴旺，秦淮灯船也渐入繁华。至晚明，因名士萃集而趋于极盛，成为南京城里声名最盛的游览胜地。

清初戴名世在《忧庵集》中记载："秦淮五月之灯船最擅名。余往见词人之诗歌乐府，所以称美之者甚至；及侨寓秦淮数载，常得见之……船两傍各悬琉璃灯数十，灯或皆一色。船尾置一大鼓，船顶覆以白绢。船中凡一二十人，两旁列坐，各执丝竹奏之，鼓人击鼓节之。凉棚者，秦淮小舟之名也。是时凉棚无算。来游观者各集宾客数人，赁凉棚饮酒，随灯船上下。两岸河房皆张灯，帘笼纱窗之间，红妆隐约。"

秦淮灯船往来航行之处，自聚宝门至东水关，即今人

秦淮灯会　於朝勇　摄

民国航拍照片：大中桥与青溪

所说秦淮河东五华里。其间最繁华处，是由文德桥东行，即老南京俗话说的"夫子庙秦淮河"，正与河房分布区相吻合。灯船游览的最佳线路，是从夫子庙前泮池登船，东行观赏贡院街两岸河房，直至桃叶渡，也可以出大中桥作青溪游。当年东关头与钓鱼巷之间有水道连接青溪，画舫可以由秦淮河直接进入青溪，经过大中桥，北抵复成桥。东水关外水面开阔，适合喜清静的游客，尤宜夏日消暑。

吴敬梓在《儒林外史》第四十一回开头一节的描述，有如秦淮灯船游的一幅工笔画："话说南京城里，每年四月半后，秦淮景致，渐渐好了。那外江的船，都下掉了楼子，换上凉篷，撑了进来。船舱中间，放一张小方金漆桌子，桌上摆着宜兴砂壶，极细的成窑、宣窑的杯子，烹的上好的雨水毛尖茶。那游船的备了酒和肴馔及果碟到这河里来游，就是走路的人，也买几个钱的毛尖茶，在船上煨了吃，慢慢而行。到天色晚了，每船两盏明角灯，一来一往，映着河里，上下明亮。自文德桥至利涉桥、东水关，夜夜笙歌不绝。又有那些游人买了水老鼠花在河内放。那水花直站在河里，放出来，就和一树梨花一般，每夜直到四更时才歇。"游船照例只供应茶水。茶具中的宜兴砂壶，正是在万历年间成为文人雅玩，足以与成化、宣德年间的名瓷相媲美。"走路的人"即以船代步的人。南京城中水网贯通，船是重要的交通工具。"上好的雨水毛尖茶"，是以雨水冲泡毛尖茶。当时人们认为，雨水、雪水泡茶最佳。《红楼梦》第四十一回中，妙玉请贾母喝茶，贾母问是什么水，"妙玉笑回是旧年蠲的雨水"。妙玉后来请宝钗、黛玉等喝体己茶，用的是5年前在梅花上收的雪水。

船舱里的陈设十分讲究。金漆桌子曾经是富贵人家的标志。《水浒传》第二十一回描写阎婆惜房里的陈设，就有"一张金漆桌子上，放一个锡灯台"。清初曹去晶《姑妄言》说的是晚明故事，写到"一日端阳佳节，秦淮河游船如蚁"，几位相公"抬着食盒，都游船去了"。铁家的小厮"用眼睃他船上。正中放着张桌子，铺着猩红绒毡，一个大宣窑花瓶插着莲花，香炉棋子之类，摆得好生富丽。面前一张金漆方桌，五个人围坐着，鲜果美肴堆了一桌子"。金漆桌已成秦淮游船的标配。

各类灯船上所悬挂的灯，是南京特产明角灯，系用羊角熬成胶，调和彩色，冷凝过程中压为薄片，连缀成灯，透光遮风，且不脆裂。乌正阿在《秦淮竹枝词》中写彩灯："楼卷珠帘舫卸篷，晚来光景不相同。彩灯万颗齐烧烛，人在琉璃世界中。"据说清代皇宫中也用此灯，到清末玻璃多了，才弃用之。

画舫灯船装饰十分华丽。清初周在延在《午日秦淮泛舟》中所描述"河下增新舫，明灯十二连。幕俱编素锦，杆亦饰花钿。乐按宫声奏，舟依泮水旋"，也说到灯船依泮水往来。

珠泉居士在《续板桥杂记》中载："秦淮河船，上用篷厂，悬以角灯，下设回栏，中施几榻，盘盂尊罍，色色皆精。船左右不设窗寮，以便眺望。每当放船落日，双桨平分，扑鼻风荷，沁心雪藕。聆清歌之一曲，望彼美兮盈盈。真乃缥缈欲仙，尘襟胥涤矣。"

甘熙在《白下琐言》也有记载："秦淮灯船，昔人称之。今则纯用玻璃，四面照耀。旧时羊角，久无用之者，其船大者曰走仓，小者曰藤棚。近又有新式船，小于走仓而特大于藤棚者，谓之四不相，出奇制胜，人争雇之。此亦厌故喜新之一端也。"据夏仁虎的《秦淮志》记载，时值晚清，仍有多种规格的灯船，承担不同功能。最高等级的是楼船，船头有供仆从用的门舱，内舱分设客厅、餐室、书房，并有密室安卧榻、供洗濯，船尾舵楼可以登高眺远。船舱两侧留有便道，侍者可不从舱中穿行，以免影响客人，古时名"走舱"，俗称"大边港"。这类楼船有十几艘，因舵楼高过古桥桥孔，无法穿行，故多驻留夫子庙前河岸，相当于活动的水阁。次一等的"小边港"，大约即甘熙所说的"四不相"，没有舵楼，可以穿桥洞而过。再次即"漆板"，也就是1923年朱自清与俞平伯同游南京后所作散文《桨声灯影里的秦淮河》中的"七板子"，系由旧时藤棚改进，舱中唯藤椅二、茶几一，可供友人清谈。

古时人可乘画舫游玩，也可借画舫宴客。《南朝金粉录》第十一回《观灯景豪杰护娇娃　设盛筵良朋修祖饯》，写洪一鹗与夫人商议，雇船为友人上京应试饯行，"比家内稍觉疏畅，就是他们亦可适意些"。日本诗人小林爱雄于光绪三十四年（1908）岁暮到南京，两江总督端方在秦淮画舫宴请贵客时，"为了菜品保温，在类似西欧点心盘的陶器中盛满热水，再在上面摆上菜盘。每上一道菜，主人、客人便挥动长长的银筷，把菜夹到自己面前的银制小碟子里。吃上一两筷，跑堂便会换上新菜。如果是汤，则用汤匙。如果需要用叉的菜，则用两根齿的肉叉。这比只用筷子的日本热闹多了。特别是将菜送入口时，在船上响起的那银铃般的轻柔乐声，感觉似乎可以悦及江底。不到四五分钟，菜品又会更新，源源不断。燕窝、鹌鹑蛋、长江鳜鱼、苏州莼菜、鸭掌……应有尽有。接着又上来一道羹，由动物下水和骨头炖上一两夜烹制而成，香气扑鼻，确是名副其实的山珍海味"。秦淮画舫中为人所艳称的船菜，主要是将两岸酒家的名厨请上船去"烩菜"，或由酒家做好送上船。也有食客将自家厨师带来操刀，间或有宾客自己动手献艺的。能摆得起画舫宴的，不是达官贵人，就是巨商富贾，故而船菜以用料规格高、花色变化多、制作精细、口味清淡著称。

因冬、春两季秦淮河枯水，故画舫游的旺季是初夏到中秋，尤以端午前后为极盛。珠泉居士在《续板桥杂记》中说："当夫序届天中，日逢竹醉（五月十三日，倾城出游，较端午尤盛），游船数百，震荡波心。清曲南词，十番锣鼓，腾腾如沸，各奏尔能。薄暮须臾，烛龙炫耀，帘幕毕钩，倩妆倚栏，声光乱乱。虽无昔日灯船之盛，而良辰美景，乐事赏心，洵升平气象也。"

端午龙舟竞渡，即以夫子庙前泮池为中心。两岸观众纷纷抛掷银角子、铜钱，或放鹅、鸭入河，引舟上水手争夺。船上锣鼓声与岸上喝彩声交相呼应。文德桥成为最佳观景点，因为桥上观景人太多，曾把桥栏杆挤断，致游人落水。据说光绪三十年（1904）竟有20多人因此丧生，致龙舟竞渡一度被禁。据《白下琐言》记载，道光三年（1823）八月二十七日晚钞库街失火，"文德桥上观者如堵，桥阑挤倒，溺死三十余人，受伤者无算"。所以南京流传着一句歇后语："文德桥的栏杆——靠不住。"

端午画舫游声名远播，不但中国文人多有记述，连外国人也被吸引。光绪年间，被聘为江南陆师学堂总教习的德国人罗伯特·骆博凯（Robert Löbbe cke），即慕名作画舫游。他于1896年6月16日在南京写给母亲的信中说："从下午二时半起，我们和无数游船一同在河里时而并驾齐驱，时而各奔东西，划来划去，川流不息，站在两岸的无数群众瞪大眼睛呆呆地看着。如同平日那样，游船里的'洋鬼子'总会激起人们的极大兴趣，使我们这艘游船由于我的存在受到最多民众的欢呼。"他描绘所见龙舟时称："在我们之间有三艘龙舟，船头上装饰着一个纸做的色彩鲜艳的巨大龙头。这些船上的划船人穿了漂亮的红衣服，头上戴着一顶红色的大礼帽，绷着小牛皮的大鼓擂得两岸

贡院遗迹衡鉴堂旧影

一片喧哗，欢呼声不断。尽管我明显地跟不上这种高涨的节日欢庆情绪，但我已下定决心今后要尽可能多参加这种民间节庆活动。"

《点石斋画报》中也有个《秦淮胜会》的故事，说在江南贡院斜对门，有广东人陈某开设庆华照相馆多年。陈某以前在广东、上海一带时，结交了许多西方朋友，这些人到金陵，陈某都会设宴款待。某日有其好友来访，陈某"特雇秦淮来喜头号洋式灯船，并预办外国酒席，恭款西人"，并邀在金陵的西洋友人同游。"时则波平似镜，风静无声，客与中流，兴正不浅"，"西人顾而乐之，无不拍手喝彩"。而城中少年公子，也各雇轻舫，跟着看热闹。

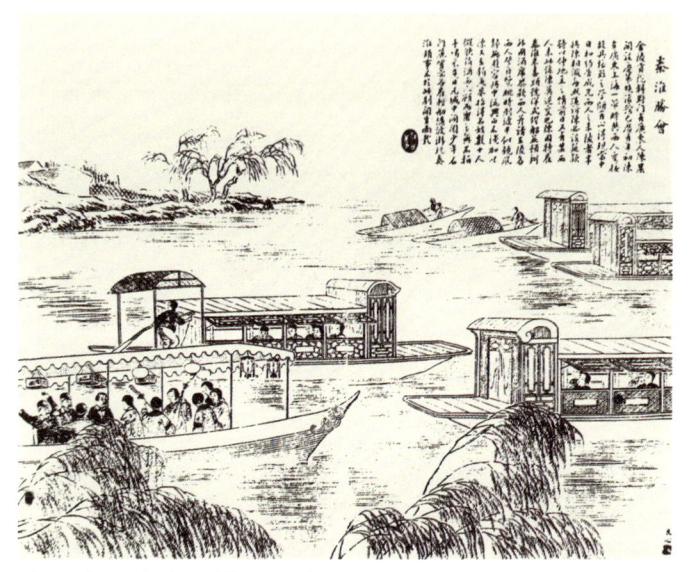

《点石斋画报》中的《秦淮胜会》

第五节　考市、茶楼和灯市

夫子庙地区的文教中心，不仅对南京的文脉绵延产生重要影响，也发挥了对城市经济发展的促进作用。南京的商业、手工业与服务业中，有相当大的部分，就是围绕数以万计科举考生长期居留、游学交际、衣食住行等方方面面的需要，而形成的系统性"科举服务行业"。当时南京的重要支柱产业，同样集中于夫子庙及其周边地区。

乡试三年一度，在8月上旬举行。但明代的南畿、清代的江南省，范围广阔，古代交通不便，所以外地考生多

明远楼　於朝勇 摄

在春节后即前来南京，往往逗留数月，甚至有人提前一年即到南京复习备考。在南京，一则可以看到新出版的图书、墨卷，二则可以拜访名师求教，三则可以通过考生间的交流切磋提高应试能力。再加上南京江南经济中心的地位，商业和手工业发达所带来的城市繁荣、生活奢侈，对于小城市和乡镇的考生更具有强烈的吸引力。两万考生中，家境较好的，多带有随员、仆从，而各地来赶科场生意的商人亦不在少数，一时聚集至少有四五万人。这样一种有闲暇、有闲钱、有闲情的庞大消费群体，对于城市商业、服务业势必产生强烈的刺激。

　　同治三年（1864）太平天国覆亡，其时南京人口严重流失，城市严重破坏，资金严重短缺。如何尽快恢复正常社会生活和经济发展，是一个大难题。当年适逢乡试之期，两江总督曾国藩决定循例举行江南乡试。自太平天国攻占南京，咸丰五年（1855）江南乡试即无从进行，后在咸丰九年（1859）借浙江贡院补行，咸丰八年（1858）、十一年（1861）江南乡试均未进行。幸而江南贡院破坏不是太严重，明远楼、衡鉴堂、公堂及考棚16000多间尚存，仅考官阅卷场所遭毁。同治三年（1864），曾国藩亲自主持重开上新河木市，以保证抢修贡院所需木料的供应。历时

江南贡院辟门吁俊牌坊

3个月，贡院修复竣工，报请朝廷派主考官南来，在11月开考，且将咸丰八年（1858）乡试在当年合并进行，即录取名额增加一倍。虽然战乱尚未完全平息，但前来应考士子达13000余人，取中正榜273人、副榜48人。

江南乡试正常举行，既是对江南社会秩序恢复的一种昭示，又使广大读书人看到前途与希望，安定天下人心。更重要的是，数以万计士人齐聚江宁，自是极好的商机，吸引各地商贾云集，大大促进了市场的繁荣和经济的恢复。

民国年间夏仁虎在《秦淮志》中介绍商市，特别列出"考市"："东牌楼沿秦淮东岸，北抵学宫贡院，南达下江考棚。大比之年，商贩云集。凡考试所需，书籍而外，各县著名文玩物产，若歙之笔墨、宣之纸、歙之砚、宜兴之竹刻陶器、金陵之刻瓷，乃至常之梳篦、苏之糖食、扬之香粉，可以归贻细君者，鲜弗备，名之曰考市。"整个夫子庙地区成为一个大集市，商品五花八门，不但满足考生日常生活和学习需求，连带回家送妻子的礼品都考虑到了。

旧时读书人所喜爱的文房四宝、金石书画、古玩玉器，也是夫子庙的特色。当年贡院北边的奇玩街，规模较大、声名卓著的古玩店有数十家。店主深藏不露，伙计身怀绝技，专门有人在江南民间和南京黑市上搜集古玩，扬州及安徽、河南、山东等地也都有古董商贩送货上门。一时间，品种丰富，货源充足。民国年间的学者名士、附庸风雅的

明远楼　於朝勇 摄

达官贵人，以及一些驻华的外国使节，都爱到夫子庙去访书觅古。

正是因为面对着文人学士这样一种特殊的消费群体，其时夫子庙秦淮河两岸，图书、文玩的兴盛，茶楼、酒馆的密集，画舫、灯船的繁华，船餐、茶点的精致，处处显示出从业者的文化素养。吴敬梓借杜慎卿之口用一句富于诗意的语言作概括："真乃菜佣酒保都有六朝烟水气，一点也不差！"

清末废科举以后，这一行业顺利转型，成为文化娱乐和旅游服务业。进入民国，夫子庙地区更成为南京首屈一指的旅游胜地。

民国年间的南京市政府楼

夫子庙庙前广场东、西牌坊之外，茶楼、酒肆、商铺、杂货、服装、首饰百业兴盛。西牌坊外第一家，就是文德桥畔的茶馆得月台，占尽地利。东牌楼有文来茶馆，又有古玩店醉六堂、点石斋分号等。

东牌坊贡院街南侧原已遍布河房、商铺，此时迅速向街北扩张。贡院号舍被拆除，区间开辟新路以便交通。东号舍中新辟南北向道路，即平江府路，保留了原平江伯府第的历史信息。明远楼前，西起贡院西街、东至平江府路的东西向道路定名金陵路，这是民国年间整治城南干道时的决定，以南京历史旧称命名东西向干道。金陵路北的平行道路，定名建康路。姚家巷北口西至平江府路的新路，则称新姚家巷。金陵路以南、平江府路以东的区域成为新

夫子庙魁光阁俯瞰　於朝勇 摄

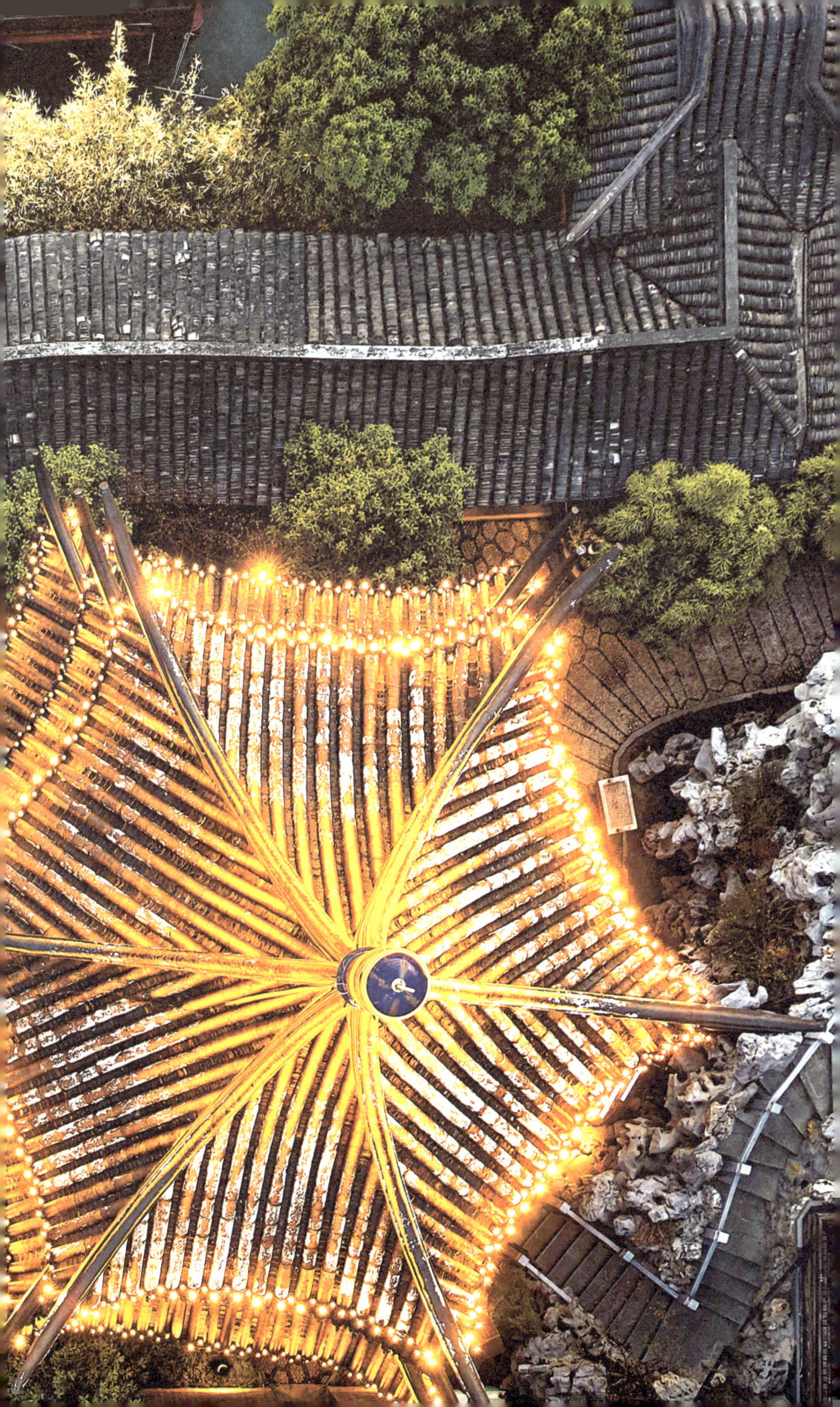

民国年间的首都大戏院

兴商市区，民国年间金陵路北至建康路的号舍区新建的南京市政府楼，在中华人民共和国成立后改作南京市中医院。

龙门街口东侧建造了鸿运楼戏茶厅，迤东先后建起首都大戏院、中央大戏院，南、北各派京剧名角都曾来此献艺。贡院西街的雪园，后易名永和园，迁到龙门街口西侧。贡院街南建起了永安商场，是南京最早的大型百货商场之一。沿河岸辟建了秦淮小公园。贡院街与贡院西街路口，为号称"龙灯头"的最佳市口，成奇芳阁新址。原在贡院街边摆小吃摊的五凤居、六凤居、德顺居，此时也就登堂入室，建起了店面。

当时夫子庙是南京茶馆最为集中的地区之一，一度多达数十家。贡院街有魁光阁、老正兴、六朝春、东升楼、新山东馆,龙门街有龙门居,贡院东街有金陵春、海洞春、第一春、六味斋、长松东号,贡院西街有新奇芳阁、高长兴、韩益兴、刘益兴、莲湖、蒋有记,文德桥北有得月台、南有德义园,东牌楼有义顺和六华春。茶馆多是当时的行业聚会地点,各行业招工和打工的人,都晓得该去哪家茶馆。所以茶馆各有各的茶客,就像俗语所说,"奇芳阁、魁光阁,各吃各"。魁光阁在废科举后,早晨是生意人的交易场,午后成为说书场。王少堂在这里说过扬州评话,范雪君在这里唱过苏州评弹。此类茶馆当时在夫子庙有10多家。演出以京剧为主,兼及其他地方戏曲和曲艺,俗称夫子庙戏茶厅。新奇芳阁、六朝居、雪园等是古董、锦缎、营造、建筑材料等行业集会地点。义顺茶社上午是各行业手艺人聚会,下午又成为玩鸟人的场所。饮绿上午有瓦木工人聚集待雇,中午是挑高箩收旧货者销货、易货,下午又成为房产交易之处。文来茶馆是木偶艺人的天地。万全、得月台、迎水台是文人雅集的处所。棋友的天地是市隐园和魁元。六朝春和新奇芳阁楼上,又是民间评判是非、调停纠葛的场所。此外,还有飞龙阁、麟凤阁、德星聚、四明楼、天韵楼、共和春、大世界、新世界、群乐、全安、小乐意、太平村等。

每家茶馆各有自己的拿手小吃。夫子庙小吃俗称茶食、茶点,因其是喝茶时用的点心。南京人爱喝绿茶,由于未经发酵的绿茶所含茶碱会刺激胃分泌过多胃酸,喝茶时吃一些点心,符合养生之道。茶馆间明里暗里相互竞争,茶点越做越精美,名声传扬天下,远近客人被吸引前来,意在茶点,竟不论茶。而烧饼、包子、锅贴、糕团、煮蛋等,单吃未免有些干噎,所以店家又为这样的食客准备了汤点,形成南京小吃"一干一稀"相搭配的特色。有的茶馆更发展出特色菜肴,佐以香醪名酒,成为酒家。茶、点、酒、菜合一,便成了"夫子庙茶酒楼"。吴敬梓在《儒林外史》中,就已经写到这样的茶酒楼。民国年间张通之在《白门食谱》中,曾写到桃叶渡全鹤美的醉蟹,贡院前问柳园的炒鱼片、煮豆腐,东牌楼(今在桃叶渡)老宝兴的烤鸭与鸭腰,奇望街西口奇斋的拆烧

《点石斋画报》中的《想想笑》

肉，韩益兴的炮牛肚颈与炮羊肉，文德桥得月台的羊肉，利涉桥迎水台的油酥饼，东牌楼南口元宵店的软糕、黑芝麻心汤圆，东牌楼北口稻香村的蝙蝠鱼和麻酥糖……国民政府定都南京后，"京苏大菜"成为餐饮界的时髦。六华春、金陵春、海洞春、共和春、万国春

民国年间的聚星亭

老万全、老宝兴、大集成等纷纷以此招徕宾客。在南京传统菜肴之外，又引进新食材、新技艺、新风味，成为独具一格的京苏帮。据统计，当时南京酒家菜馆有千余家，近半集中在夫子庙地区。

昔日庄严的孔庙门前，渐渐形成五花八门的游乐场。武术、马戏、杂耍、魔术、鼓书、说唱、相声、口技、木偶戏、拉洋片，看相卜卦、测字算命，练把式卖药，以至架上一口大锅当街熬膏药，无奇不有。晚清《点石斋画报》中有《想想笑》的故事，说某人在夫子庙前摆一小摊，摊上是各种颜色的彩纸包，支个招牌称"出卖想想笑"。有

人问纸包中是什么东西,摊主回答:"这就是'想想笑'啊。晚间在灯下拆开,便放金碧之光,照耀夺目,有如宝珠,但早拆就不灵验。只需五文铜钱,就可以供全家一乐。"游人见其价廉物美,纷纷买了带回家,到晚依法拆开,只见飞出几只萤火虫,才知道上当了。但是,想想摊主的话,并没有说错,不觉哑然失笑。此人所卖,不失为一好"创意"。故而,夫子庙广场长年吸引无数游人看客围观,人山人海,水泄不通。1937年12月,侵华日军攻占南京,

民国年间玩灯的儿童

夫子庙街头的画摊

节日踩高跷

套圈

空竹摊

据说在夫子庙大成殿中发现抗日宣传画，于是竟将夫子庙及周边思乐亭、奎星阁、得月台等全部焚毁，仅庙前广场上的聚星亭幸存。大成门内外广场连成一片，更成为江湖卖艺人的天地。

稍高层次的是各种手工艺品，如腊月里的年画、正月里的花灯、三月里的风筝、六月里的扇子。前店后坊长年经营的，有刺绣、剪纸、天鹅绒、绢花、脸谱、乐器、微雕、木雕、彩塑、瓷刻、玉石镶嵌等，异彩纷呈。其中对夫子庙地区发展影响最大的，是花灯。

明清时期，元宵节南京张灯、赏灯、买灯、卖灯的中心，尚不在三山街、夫子庙一带。见于记载较多的，是笪桥灯市。《白下琐言》卷二记载："笪桥灯市由来已久。正月初，鱼龙杂沓，有银花火树之观，然皆剪纸为之。若彩帛灯，则在评事街迤南一带，五色十光，尤为冠绝。"笪桥、评事街正是明清灯市所在，也是彩扎作坊所在。评事街西侧登隆巷，原名灯笼巷。民国年间这一带仍多灯彩店，扎制彩灯，出租仪仗。

但是，晚清夫子庙确实已有花灯可赏。《南朝金粉录》第十一回《观灯景豪杰护娇娃》中如是描写众人出钓鱼巷西行："出得门来，只见皓月当空，灯光匝地，真是银花火树，照耀通衢。大家便信步闲游，赏看灯月。刚走到夫子庙，只见庙前牌楼上扎就一座龟山，高耸天半，上堆着人物花木、走兽飞禽，各种灯彩玲珑精致，巧夺天工。那些来看的亦复人山人海，拥挤异常。"废科举后，元宵灯会的中心和灯彩市场也就转移到夫子庙，为夫子庙地区增添了一重绚丽的色泽。

秦淮花灯品类繁多，无奇不有。花灯上又布置有字谜、画谜，猜灯谜更为元宵赏灯增添一分雅趣。清代南京花灯品种发展到三百余种，形成了秦淮花灯色彩瑰丽明快、造型简约夸张、趣味大俗大雅的特点。南京制作的夹纱灯、羊角灯等，还曾销往安徽、浙江等地区。秦淮灯彩制作，全凭心灵手巧，前后数十道工序，汲取了绘画、书法、剪纸、皮影、刺绣、雕塑等多种艺术之长。其中有些是南京独创的，如扎制材料不用铅丝、篾条，而以纸捻为绳索的纸扎工艺。灯彩匠人一代代薪火相传，各有绝技，绵延不断，营造出五彩缤纷的花灯世界，也使以秦淮灯彩为主体的元宵灯会，成为南京民俗文化活动的重要品牌。

今日人们目睹耳闻的秦淮文化，从街巷肌理、建筑格局、民风节俗，到传统商业、手工业和服务业，仍或多或少地存留着千年文教中心的历史痕迹。

第三章　今日风光

第一节　游乐场、茶点和小吃

1956年，因兴办夫子庙人民游乐场，历时半个世纪的夫子庙小学，正门改为开向瞻园路。原位于大成门西侧的校门一般不再打开，以免游客进入校园。

夫子庙人民游乐场仍依原夫子庙和府学两条中轴线分布。在大成殿殿基遗址两侧，建造东市廊房和西市廊房，其北是"夫子庙人民游乐场"的正门，四柱三门，外侧两柱顶架拱形场名横标。进门广场东廊房为弹子房和办公室，西廊房是气枪打靶室和办公室。西廊房西侧有东西向廊房两条，都是书场，三条廊房北端的两间小房，东为鼓书场，西用于教拉京胡。北行至明德堂，楼下辟作戏剧剧场，尊经阁下辟为魔术杂技剧场。明德堂与尊经阁两侧亦建有廊房，东为茶室，西为棋室。尊经阁东之崇圣祠改作木偶剧场，青云楼一楼改作书场，二楼为办公室。青云楼东临贡院西街开有游乐场侧门。

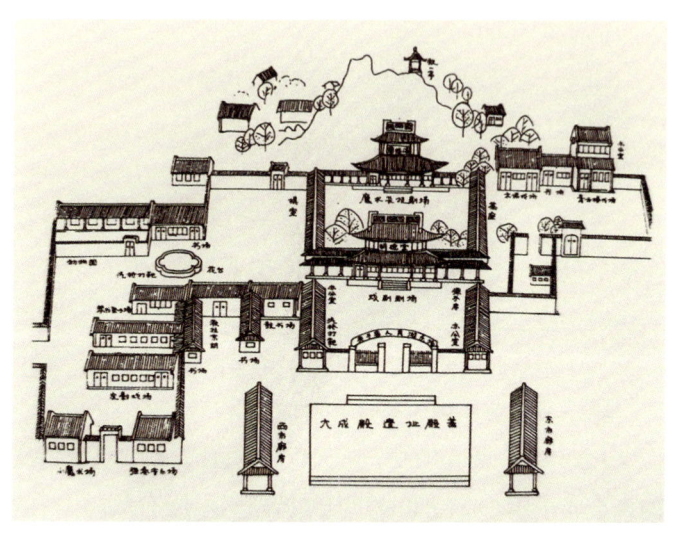

夫子庙人民游乐场平面图

西侧的府学轴线南端开有小门，门东房内是弹奏音乐场，门西房内是小魔术场。迎门三排平房，前为皮影剧场，中为琴书坠子场，后为汽枪打靶房。其后的花坛有路可至明德堂前。花坛后是书场，书场西侧是动物园。在各建筑之间都以围墙相接，成为一个整体。此种相对稳定的室内表演场所，对戏曲、曲艺、民间工艺的发展，都有促进作用。

20年纪90年代大成殿门票　　20世纪80年代夫子庙游乐场门票

将近 30 年间，夫子庙人民游乐场都是南京最受欢迎的大众娱乐场所。几代青少年最盼望的节假日活动就是逛游乐场，年轻人在这里施展才艺，许多老人更是剧场和书场的常客。每一次的夫子庙之行，都会被长久回放，化为人们茶余饭后的谈资，被中小学生写进作文。在那个时代，他们最美好的人生记忆，都离不开夫子庙。

游乐场之外，同样吸引人的，是夫子庙的茶点和小吃。当年贡院西街上有清真蒋有记，专售牛肉锅贴和牛肉汤。锅贴外形较煎饺狭长，煎炸透黄而不焦，馅肉多汁带卤，饺皮薄而不破，让人百吃不厌。大铁锅里常年熬煮着牛骨

秦淮小吃博物馆

架，牛肉汤香气满街飘逸。向南是莲湖甜食店，专以玄武湖产莲子做甜点，如糖水莲子、藕粉莲子、鸡蛋酒酿莲子、银耳莲子、西米莲子。莲子熬得烂熟，加上桂花、果料，清香四溢。还有糖粥藕、糖芋苗、桂花夹心小元宵和五色糕团，都是该店的当家名点。新奇芳阁茶点品类众多，最有名的是什锦蔬菜包。出笼时于热气蒸腾间，可见面皮上现出斑斑翠绿，人称"翡翠包子"，入口鲜香清爽。贡院街上，魁光阁的雨花茶和五香豆、五香茶叶蛋独步一时。早年的五凤居歇业，德顺居和龙门街的龙门居并入六凤居，葱油饼堪称一绝，豆腐脑也别具风味。百年老店永和园，蟹壳黄酥烧饼脍炙人口，有"一口酥"的美誉。与各茶馆的煮干丝不同，永和园的烫干丝，经沸水多次淋烫而熟，完全去除豆腥味，配料花色繁多，素料有香菇、鲜笋、口蘑等，荤料有开洋、鸡丝、肉丝等，由客人自行添加调拌。尤其是改革开放之初，随着夫子庙灯市恢复，茶馆复业，各种技艺传人大显身手，茶食也得以重整旗鼓，声名远扬。

第二节　重建夫子庙景区

20世纪80年代，南京市人民政府和秦淮区人民政府为保护古城历史文化遗产，决定重新规划建设夫子庙风景区。南京工学院建筑系（今东南大学建筑学院）的专家完成了夫子庙核心区的规划设计工作。从1984年开始，维修、重建了夫子庙中轴线上的照壁、泮池、天下文枢坊、夫子庙广场、棂星门、大成门、大成殿、明德堂、尊经阁、敬一亭、魁光阁、思乐亭等建筑，修缮了学宫遗存建筑及青云楼、崇圣祠等。1987年重建了夫子庙两侧的东市、西市。此两市及贡院西街的茶楼、酒店、商铺，都建成明清风格。"青砖小瓦马头墙，回廊挂落花格窗"的建筑形式和明清商业街的空间尺度，较好地呈现了南京古街市风貌。同时，对夫子庙地区整体环境做了初步整治，在东起桃叶渡、西抵中华门的秦淮河两岸，精心修缮文物古迹，营造旅游景观，并恢复了盛名远播的秦淮画舫，依夫子庙泮池建成画舫游的码头。

夫子庙中轴线是景区的重中之重。

泮池南岸高10米、长达110米的赭红大照壁，泮池北岸几十架青石雕琢的石栏杆，已是仅存的明代建筑遗存，此时都经过精心维修。

天下文枢坊原位于路北，是进入夫子庙的端点，民国年间辟建夫子庙广场时拆除。1984年重建时向南移至临河岸石栏处，使道路与庙前广场融为一体。

天下文枢坊在夫子庙地区的牌坊中规格最高，四柱三间三楼，坊匾青底金字，"天下文枢"四字系集颜真卿法书。因台座采用钢筋混凝土结构，牌坊四根木柱立于高大台座上，不用夹杆石也不用戗柱。台座外包石板，立柱、梁枋、楼阁皆髹红漆，斗栱承托楼顶，上覆绿色琉璃瓦，檐角高翘,气势开阔。"枢"是北斗七星中第一星,为紫微垣的门户,系古天文学中的天道中心所在。孔庙前立有"天下文枢"牌坊的,现只有南京一地。两中柱上抱柱联为清高宗所撰:"允矣斯文,为古今中外君民立之极;大哉夫子,会诗书易礼春秋集其成。"两边柱抱柱联为近人所撰:"源脉悠长,诗礼江山昭日月;人文荟萃,弦歌画

棋峰试馆

舫又春秋。"

天下文枢坊东侧的泮宫坊未重建。从老照片上可以看到，清代的天下文枢坊和泮宫坊，都是四柱三间三楼牌坊，立柱前后各有戗柱支撑。天下文枢坊东复建了魁光阁，西南复建了聚星亭。

天下文枢坊北面的棂星门石坊，仍依旧制，为六柱五间冲天式，立柱前后用抱鼓回纹夹杆石，柱头作华表式，明间与两梢间辟为三门，两次间填作砖壁，壁间饰浮雕牡丹团花图案。

天下文枢坊和棂星门，都没有实际通行功能，只是用于保存夫子庙建筑群的历史格局。今天夫子庙的入口是大成门。

明清时的大成门为五开间，两侧耳房供执事人员休息。中辟三门，春秋举行祭孔大典时，地方官员由中门进出，士人和执事人员只能从两边门进出。门内石砌甬道两边列戟，东设鼓，西设磬。1986年复建大成门为三开间，迎门置汉白玉屏风，上刻《重修夫子庙记》。大成门内侧壁上嵌有四块石碑，其中最享盛名的，是南齐永明二年（484）的《孔子问礼图碑》。此碑系民国年间戴季陶自洛阳移来，先于考试院（今南京市人民政府）中筑问礼亭陈设，后移至此处。

石砌甬道中部耸立着高达5米的孔子雕像。过孔子雕像，循丹墀而上，宽敞露台环以石栏杆，这是古代祭孔时表演乐舞的场所。露台北即夫子庙主体建筑大成殿。大成殿以同治八年（1869）建筑为蓝本复建，面阔七开间，高18米，重檐歇山顶。古代大成殿中供奉"大成至圣先师孔子之神位"，左右配享颜回、曾参、孟轲、孔伋四亚圣。现殿内正中为孔子铜像，两旁配享孔门十二弟子汉白玉像。

大成殿前两侧东、西两庑，古代供奉孔门七十二贤和历代大儒，现改为碑廊，镶嵌当代名家书法碑刻。其墙外就是东、西两市。大成殿后没有复建原夫子庙后墙，使其与学宫融为一体。原庙前广场西面的思乐亭，移建在大成殿外东市小广场中，思乐亭南恢复了玉兔泉。

大成殿后，是以明德堂、尊经阁为主体的学宫建筑。尊经阁后卫山上建敬一亭，据说《天发神谶碑》的残片即埋在卫山下。尊经阁东，修缮恢复了崇圣祠和青云楼。崇圣祠前有一棵老梨树，春天满开白花。梨花谢尽石榴红，旁边那棵石榴也有上百年了。西边还有几棵高耸入云的老槐树，南对明德堂，北向尊经阁，为这一建筑群

大成殿内

增添了些许历史气息。

1989年在明远楼前、贡院街边建造江南贡院牌坊,形制如同天下文枢坊,四柱三间三楼,因采用钢筋混凝土结构,基座、立柱、楼阁成为一体。石基座外包石板,立柱、梁枋、楼阁都油漆成酱紫色,以斗栱承托檐顶。2017年,在江南贡院旧址上建造了中国科举博物馆,是全国最大的展示古代科举制度的专题博物馆。

夫子庙景区的入口处,也都建起了高大醒目的仿古牌坊。面临建康路的北入口是景区主入口,建有一座"南京夫子庙"大牌坊。原是六柱五间的形式,但为了方便交通,将明间两根正柱简化为垂莲柱,使明间与两次间三门汇为一门,看起来像是四柱三间三楼,而明间的开间极阔,成为一种特别的牌坊形制。

景区东入口在贡院街东口,立有四柱三间三楼"古秦淮"牌坊,为钢筋混凝土结构。西入口在贡院街、瞻园路口,同样有一座钢筋混凝土结构"古秦淮"牌坊,也属四柱三间三楼形式,但因为此处街道较窄,为方便交通,遂将两根边柱简化为垂莲柱,实际上只有明间两根立柱支撑。这几座牌坊的形式变化,都得益于现代建筑材料和技艺的应用。早在1979年整修上海古漪园时,杨廷宝先生就提出:"重修的时候也不一定要用木料。一是来源困难,再者用次木料经不起几年就坏了,可以用钢筋混凝土来做。大木用混凝土,小木可用木结构。但是,要注意造型,尽量去仿原先的味道和手法。"古人用砖、石材料做仿木结构都能惟妙惟肖，用可塑性更强的钢筋混凝土仿制，自然可以做得更好。

为了方便秦淮河南、北两岸的交通往来，文德桥改建为宽阔、坚固的石桥。站在文德桥上，可以看到南岸的乌衣巷口。乌衣巷原在朱雀桥附近今剪子巷一带，清代后期以文德桥南小巷为乌衣巷，巷内的仿古建筑王导、谢安纪念馆，是展示六朝文化及王、谢两大家族历史的专题陈列馆。贡院街东段兴建白鹭桥，1997年更名为文源桥。河南岸文德桥与文源桥之间即大石坝街美食街。贡院街东牌坊外的平江府路上重建了平江桥，桃叶渡景区原利涉桥处新建了桃叶桥。西牌坊外新建了来燕桥。

改革开放后日趋鼎盛的夫子庙，可谓百业兴旺。构成夫子庙特色的主要行业，大致是这样几种：一是继承旧日传统的书坊和文玩古董店，二是茶楼和风味小吃，三是花鸟虫鱼市场。最为南京市民所热爱的，是元宵节期间的秦淮灯会。

1987年，秦淮区风味小吃研究会正式命名了小吃中的"秦淮八绝"，依次是魁光阁的五香蛋、五香豆、雨花茶，永和园的烫干丝、蟹壳黄烧饼，新奇芳阁的麻油干丝、鸭油酥烧饼、什锦蔬菜包、鸡丝面，以及六凤居的豆腐涝、葱油饼，蒋有记的牛肉汤、牛肉锅贴，瞻园面馆的薄皮小笼包饺、熏鱼银丝面，莲湖糕团店的桂花夹心小元宵、五色小团。其间还有几种，是近百年的老品牌。

夫子庙地区的花鸟鱼虫市场，形成也已有百年历史。早在明代，南京城里就有花农挎着花篮走街串巷叫卖，尤以夫子庙地区最为集中。明末清初，南郊花神庙一带已出现专业花农世家。现中华路许家巷口至长乐路口一段，旧时人称"花市大街"。20世纪上半叶，夫子庙地区花鸟商店星罗散布，东市、西市、文德桥畔和一些茶馆中，都有花鸟经营。所经营的品种，花有四季盆栽花卉、观叶植物和南北各派盆景；鸟以皖南画眉、黄莺为最，鸽的品类也多，还有张家口的百灵、山东的芙蓉和虎皮。虫是季节性的，主要是秋季的鸣虫，如蟋蟀、金铃子、金钟儿、金琵琶、纺织娘，会养的人冬季暖在怀里，能活到来年开春。后来，观赏鱼也成为时兴的玩物。改革开放后花鸟市场一度集中于金陵路，因经营场地限制、环境卫生影响，2003年移至白鹭洲公园北门，最终在2014年迁出夫子庙风景区。

第三节　秦淮元宵灯会

秦淮元宵灯会，自20世纪初即以夫子庙为中心，俗称夫子庙灯会，是全国唯一集灯展、灯会、灯市为一体的大型综合性灯会，也是持续时间最长、参与人数最多、活动规模最大的民俗灯会，素有"秦淮灯彩甲天下""天下第一灯会"的美誉。1985年，南京举办首届夫子庙灯会，正式恢复了一年一度的秦淮观灯游赏活动，以满足人民辞旧迎新、祈福纳吉的心愿。每一届灯会都以当年生肖为主要载体，结合民风民俗、社会热点，树立明确的主题，同时不断吸收利用新元素、新形式、新材料、新科技，焕发新风采，使观众每年都有新期盼，都有新收获。这是一种非常难得的传统振兴成功范例。2006年5月，秦淮灯会经国务院批准列入第一批国家级非物质文化遗产代表性项目名录。

灯会的时间，最初延续历史上"初八上灯，十八落灯"的习俗，但由于市民和游客观灯热情不减，现在已延长到腊月初至正月尾的近两个月。灯展的场地，也从最初的夫子庙核心区，扩展到白鹭洲公园、老门东景区、明城墙上下、十里秦淮水上展区等，以方便民众赏灯、闹灯、买灯、玩灯。在灯会期间，还会配合灯会主题，举办各种展览、演出活动，并带动云锦、剪纸、刺绣、书画、雕刻、皮影、绳结、空竹、秦淮小吃等非遗项目的展示，从而促进相关文创产品的制作与销售。南京的年味中，总也少不了夫子庙秦淮灯会的流光溢彩。

随着对历史文化资源的发掘、保护与经营，夫子庙风景区的范围不断拓展。环绕着秦淮河北岸夫子庙、贡院这一核心景区，现已将南岸的乌衣巷、大石坝街、白鹭洲公园、东水关等都包括进去。2006年拓宽了秦淮河与白鹭洲公园之间的水道，使秦淮画舫游可以进入白鹭洲公园。

夫子庙

秦淮灯会　苏哲 摄

秦淮灯会　於海 摄

不同年代的灯会门票　程瑶 供图

2022年，又确定秦淮河东2.5千米画舫游路线以泮池为起点，复成桥为终点，恢复了当年朱自清、俞平伯"桨声灯影"的游览路线。朱自清与俞平伯的铜像就立在东水关码头，仿佛在召唤人们同作画舫游。龙蟠中路上新建的"秦淮胜境"大牌坊，成为夫子庙景区的东入口。北面沿建康路一线，从三山街口的水游城一路向东，同样成为繁华的商业街市。南京夫子庙风景区，与上海城隍庙、苏州玄妙观、北京天桥并称中国四大古街市。

夫子庙与一般供祀神佛的庙宇不同，它是将学习儒家经典的官办学校与祭祀孔子的礼制殿宇相结合的学庙。今人了解孔子，主要是从孔子著的《论语》、汉人编的《礼记》，以及《史记》中的《孔子世家》《仲尼弟子列传》等文献中获取信息。《论语·乡党》中记述了孔子的言行举止，可以看出，他的教养与风度实践了他所倡导的礼。孔子说的礼，用现代语言说，就是行为规范，就是文明。文明是后天的，是可以通过教育培养的。遵从这种秩序规范的人越多，社会的文明程度就越高。近年来，每逢9月28日孔子诞辰，南京夫子庙都会举行祭孔大典，以传承中华传统礼仪文化。

孔子毕生未能实现他的理想，但这种文化精神被后世知识分子所承续，成为他们追寻理想世界的动力。尽管不同时代、不同人物对孔子思想的理解与阐发各个不同，但后人总是能从孔子这里找到积极的社会意义。所以，几千年来，孔子始终为人们所崇敬。南京夫子庙，也成为中国的一个重要文化地标。